JN098653

松嶋隆弘 ［編］
大久保拓也

商事法講義 2
商法総則・商行為

Commercial law 2

中央経済社

はしがき

1．本書は，われわれ2名の共編による商事法講義シリーズ全3巻のうち第2巻である。商事法講義シリーズは，日ごろから研究・教育活動を共に行うわれわれ2名が共編者となり，親しい研究者とともに，商法学の全体像につき，できるかぎり客観的な観点から，鳥瞰すべく編まれた書物であり，講義の教材，各種試験の基本書等の教育書として活用されることを目的としている。教育書としては，狭義の「商法」に対象を絞るのが効率的ではあるが，それでは，経済の変化に即応し，変わりゆく商法の全体像を示すことができない。タイトルを商「事」法としているのは，そのあたりの悩みを表すものである。

2．本書は，商法学のうち，講学上，「商法総則・商行為」に相当する部分を取り扱う。会社法典の成立以降，商法典における総則規定は，個人商人に関する総則的規制としての色彩を強めつつある。他方，商法典における商行為の規制は，かねてから，金融商品取引法，保険法等各種個別法分野の発展により，空洞化が進んできたところ，いわゆる債権法改正により，その傾向が一段と顕著となっている。

3．これらのことにかんがみ，本書では，商法総則の部分では，商法典における総則規定のみならず，会社法の総則についても，あわせて解説することとした。幸いにして，両者の規制内容は，ほぼ同一である。

　また，商行為については，もっぱら機能的観点から，商事売買，運送，倉庫・場屋，その他の商事取引に分け，商法の商行為編の規制は，商事売買の中で解説することにした。そして，売買については，成立，商品引渡，代金決済と段階順に項目を立てた上で，関連の法的問題を解説することにした。その他の商事取引としては，実務的ではあるが，教育的観点からも押さえておくべき項目として，国際売買，消費者売買，リース取引を取り上げている。

　これらの調整の結果，商行為編の仲立営業，問屋営業は，商法総則における代理商とともに，商人の営業を支えるビジネスという観点からまとめられ，商法総則において取り上げられている。

4．われわれ共編者としては，本書が，読者の商法の学習のために，貢献できること

を大いに期待している。そして，無味乾燥とされがちな商法に対し，少しでも興味
を持たせられたらと願っている。

令和2年9月

松嶋　隆弘
大久保拓也

目　次

凡　例

会＝会社法
会規＝会社法施行規則
計規＝会社計算規則
商＝商法
商規＝商法施行規則
整備＝会社法の施行に伴う関係法律の整備等に関する法律
改前商＝平成17年改正前商法
旧有＝有限会社法（平成17年廃止）
　＊　＊
民＝民法
金商＝金融商品取引法（金商法）
金融サービス提供法＝金融サービスの提供に関する法律（金融商品の販売に関する法律：令和2年法律第50号で改称〔未施行〕）
特定商取引法＝特定商取引に関する法律
手＝手形法
小＝小切手法
商登＝商業登記法
非訟＝非訟事件手続法
民訴＝民事訴訟法
民執＝民事執行法
破＝破産法
民再＝民事再生法
会更＝会社更生法
　＊　＊
国際売買契＝国際物品売買契約に関する国際連合条約

民（刑）集＝最高裁判所（大審院）
　　　　民（刑）事判例集
民録＝大審院民事判決録
集民＝最高裁判所裁判集民事
高民＝高等裁判所民事判例集
下民＝下級裁判所民事裁判例集

訟月＝訟務月報
金法＝金融法務事情
金判＝金融・商事判例
新聞＝法律新聞
判時＝判例時報
判タ＝判例タイムズ

江頭：江頭憲治郎『商取引法〈第 8 版〉』（引文堂，2018年）
落合＝大塚＝山下：落合誠一＝大塚龍児＝山下友信『商法 I　総則・商行為〈第 6 版〉』（有斐閣，2019年）
近藤：近藤光男『商法総則・商行為法〈第 7 版〉』（有斐閣，2018年）
弥永：弥永真生『リーガルマインド商法総則・商行為法〈第 3 版〉』（有斐閣，2019年）
　　＊　＊
百選：神作裕之＝藤田友敬編『商法判例百選』（有斐閣，2019年）
会社百選：岩原紳作＝神作裕之＝藤田友敬編『会社法判例百選〈第 3 版〉』（有斐閣，2016年）

第1編◆総　論

第1章　商法の意義

第1節　形式的意義の商法

　わが国は，実体法である私法を民法と商法とに分けて規制する法制を採用している。諸外国の中には，民法と商法との区別を有しない法制を採用している国もあり，民商法の区別は，本質的なものというよりは，いわば便宜的なものである。ただ，便宜的であるにせよ，ドイツ，フランスを代表とする比較的多くの有力国が，民法と商法とを区別する法制を採用している以上，かかる区別にはそれなりの意味があるといってよい。このような認識を前提に，まず，「商法とは何か」につき，総論的に考えてみたい。これは「法の存在形式」（法源）として，商法とはいかなるものであるのかという問いである。

　どの実定法の領域でもそうであるが，「〇〇法」という場合，形式的意義と実質的意義とが存在する。商法においても同様である。したがって，前記の「問い」に対しては，それぞれに考えていくことが便利である。まず，形式的意義の商法という場合であるが，これは，「商法」（明治32年3月9日法律第48号）という単行法のことを指す。六法の1つである商法の名を冠した基本的な法律であるので，法典の名を冠し，「商法典」ということもある。

　この「商法典」は，平成17年に，商法典中の会社編が独立し，単行法である会社法（平成17年法律第86号）が制定されるまでは，まさに商「法典」といってよい存在であった。会社法制定以降，同様な形で保険編が，保険法（平成20年6月6日法律第56号）として独立し，現在では，その位置づけが一段と小さなものとなってきつつある。

第2節　実質的意義の商法

1　実質的意義の商法の範疇に入る一群の法律

　次に実質的意義の商法としては，前記の商法典以外に，いくつかの単行法を挙げることができる。そのいくつかを紹介しよう（省令等は省く）。

　何といっても中核を占めるのは前記の会社法である。これは会社の組織に関する規制にかかわる法律である。会社法に関連する法律として商業登記法（昭和38年7月9日法律第125号），社債，株式等の振替に関する法律（平成13年6月27日法律第75号）等を挙げることができる。人によっては，金融商品取引法（昭和23年4月13日法律第25号）を挙げるであろう。次に，商取引に関するものとして，商法の運送に関する規制の特則である国際海上物品運送法（昭和32年6月13日法律第172号）を挙げることができる。さらに，支払決済に関わる手形法（昭和7年7月15日法律第20号），小切手法（昭和8年7月29日法律第57号），拒絶証書令（昭和8年12月13日勅令第316号）等も挙げておきたい。

　なお，単行法となった保険法は，商法でなく，民法の特則として規定されることになった。これは，保険法が共済についての規定を含むことになったためである。

2　実質的意義の商法の理論的説明

　問題となるのは，これらの諸法律を「実質的意義の商法」として「ひとまとまりのもの」として整理するため，どのような説明をしていくべきであろうかということである。

　この問題につき，かつては，一般私法の法律事実のうち「商的色彩」を帯びるものが商法上の法律事実であり，商法とは，「商的色彩を帯びる法律事実」を対象とする法と理解する見解が有力に唱えられていた（商的色彩説）。この見解がいう「商的色彩」とは，営利性，集団性，反復性，個性喪失といった特色を指す。

　しかし，かかる「特色」は，「色彩」というよりも，むしろ「企業」活動の特殊性と言い換えた方がより実態に即する。そこで，現在の通説的見解は，企業関係の特殊な需要に応じるため形成された法分野であると理解すべきと解している（企業法説）。この考え方における企業とは，一定の計画に基づき，継続的意図をもって独立の組織により営利行為を実現する主体であると理解される。

3　形式的意義の商法と実質的意義の商法の齟齬

　企業法説からは，手形法，小切手法等の支払決済の法規制を実質的意義の商法に取り込むことができるのかという疑問が生じうる。企業だけでなく，一般消費者も支払決済をするからである。これに対しては，確かにそのとおりであるが，企業による支払決済の支払決済全体に占める比重が大きいことを重視し，便宜的に企業法の法規制の中に入れたものであると解答することができる。

　また，企業法説によると，いくら企業活動とはいえ，とても企業活動といえないような，たった一度のみの商取引（たとえば，コンビニエンスストアにおける商品の売買）で商法が適用されることはないはずである。しかしわが国では，たった一度の営利を目的とした取引も商行為とされてしまう（商501条1号）。これは企業法説からは矛盾ともいうべき事態であり，ここに形式的意義の商法と実質的意義の商法との間に齟齬が生じている。実質的意義の商法は，学理的認識に基づくものである一方，形式的意義の商法は，もっぱら立法政策に基づくもので，両者に矛盾が生じるのは，ある意味仕方がない。この齟齬・矛盾を埋めていくのが，商法「学」に課せられた役割である。

4　本シリーズで取り扱う内容

　本書は，実質的意義の商法のうち，いわゆる「商法総則・商行為」とよばれる部分を対象とし，別に刊行される「会社法」，「支払決済法」とともに，3分冊の商法の教科書のシリーズを構成する。本シリーズでは，実質的意義の商法を下記のとおりに分け，解説している。

	対象とする学問領域	対象とする主な法律
本書 （商法総則・商行為）	商法総則・商行為または商取引法	商法，国際海上物品運送法等
会社法	会社法（ただし総則部分を除く）	会社法等
支払決済法	手形法・小切手法	手形法，小切手法等

　これらは，大学のカリキュラムの都合，学習者の便宜を考え，(1)企業が取引をする際に関わる法規制を本書で取り扱い（商事法講義2），(2)企業の組織に関わる法規制を「会社法」で取り扱い（商事法講義1），(3)企業の取引活動に基づく支払決済に関わる法規制を「支払決済法」で（商事法講義3），それぞれ取り扱うこととしている。ただし，前記のとおり便宜的な分け方であるので，もちろん出入りはある。

　たとえば，会社法の総則規定（第1編）と商法における総則規定（第1編）の内容は，実質的にほぼ同じであり，このことから，後者（講学上，「商法総則」とよばれ

る部分）は，会社にはほぼ適用されず，実質的には，個人商人に関する総則的規制と
なっている。本シリーズでは，分量調整の観点から，「会社法」において，会社法の
総則規定の説明を省き，本書の商法総則の解説の部分で，一括して説明することにし
ている。

第3節　商法の隣接分野

　商法の隣接分野として，労働法，経済法等がある。これらはいずれも企業活動を規
制する法分野である。これらの諸法領域と商法との関係（これらの諸法領域が，なぜ
実質的意義の商法の中に入らないか）についても説明しておこう。

1　労働法

　企業活動を行う上で，従業員の存在は必要不可欠である。商法は，従業員のことを
「商業使用人」（会社の場合，会社の使用人）と称し，もっぱら代理権の範囲につき規
定を置く（商20条以下，会10条以下）。あくまでも円滑な企業活動のために，指揮命
令系統を一貫させるということに主眼が置かれ，従業員の利益は考慮されていない。
　他方，労働法とよばれる法領域は，従業員を（使用者に対立する）労働者と位置づ
け，労働者の地位の向上や安定等，労働者の保護の観点から規制する。具体的には，
労働基準法（昭和22年法律第49号），労働組合法（昭和24年法律第174号），労働契約
法（平成19年法律第128号）等，多くの法律が存する。このように，商法と労働法は，
その目的を異にし，別の法領域であるということができる。
　ただ，近時では，労働法の一領域である公益通報者保護法（平成16年法律第122号）
に定める公益通報（同法2条1項）が，会社法が規定する株式会社の内部統制システ
ム（会362条4項6号等）の一構成要素を成す等，両者のかかわりは深まってきつつ
ある。

2　経済法

　経済法とよばれる分野の代表例は，独占禁止法（私的独占の禁止及び公正取引の確
保に関する法律：昭和22年法律第54号）である。そのほかに不正競争防止法（平成5
年法律第47号）を挙げることも可能であるが，同法は，近時，特許法（昭和34年法律
第121号）等いわゆる知的財産法との接近を強めている。
　さて，経済法の法目的であるが，たとえば，独禁法1条が，「この法律は，私的独
占，不当な取引制限及び不公正な取引方法を禁止し，事業支配力の過度の集中を防止
して，結合，協定等の方法による生産，販売，価格，技術等の不当な制限その他一切

の事業活動の不当な拘束を排除することにより，公正且つ自由な競争を促進し，事業者の創意を発揮させ，事業活動を盛んにし，雇傭及び国民実所得の水準を高め，以て，一般消費者の利益を確保するとともに，国民経済の民主的で健全な発達を促進することを目的とする。」と定めているとおり，国民経済全体といったマクロな観点から，独占等の企業活動を制約し，それにより自由競争の確保等，経済秩序の維持に努めようとするものである。

　これに対し，実質的意義の商法たる企業法は，個々の企業の営利活動それ自体を規制しようとするものである。ここにおいて両者は，その目的を異にするということができる。

3　消費者法

　企業取引は，B to B取引（企業間取引）とB to C取引（企業・消費者間取引）に大別されるところ，近時は，後者の場面において，消費者を保護するという側面を強調し，「消費者法」という法領域が形成されつつある。代表的なものとして，消費者契約法（平成12年法律第61号）がある。民法中の定型約款に関する規制（民548条の2以下）も，消費者法の一部とみることもできる。そのほかに製造物責任法（平成6年法律第85号），そして割賦販売法（昭和36年法律第159号），特定商取引法（特定商取引に関する法律：昭和51年法律第57号）等を挙げることができる。

　本書では，消費者保護という観点からの解説は消費者法のテキストに委ね，もっぱら企業の取引活動の一環という観点から，これらの規制の概要について解説をするにとどめている（**第6編第2章**を参照）。

第4節　制定法以外の商法

1　商慣習

　狭義の法律である制定法以外にも，実質的意義の商法の属するものとして，重要な役割を果たすものがある。それは商慣習である（平成17年改正前は，「商慣習法」とよばれていた）。民法において慣習は，どちらかというとローカルな地方独特の習慣を法認しようとする観点から規制が置かれているのに対し（たとえば，民217条・228条・236条・263条・269条2項・277条・278条3項・294条等），商法における商慣習は，ビジネスやマネーの自然な流れを尊重しようとする観点から規定が置かれているといってよい。自由主義経済社会において，企業活動の結果として生じたこれらの自然な「流れ」を尊重し，もっと企業活動の維持促進に努めようとするものである。

さて，規定についてみてみるに，商法は，商慣習につき，「商事に関し，この法律に定めがない事項については商慣習に従い，商慣習がないときは，民法の定めるところによる。」旨規定する（商1条2項）。他方，民法は，慣習につき，「法令中の公の秩序に関しない規定と異なる慣習がある場合において，法律行為の当事者がその慣習による意思を有しているものと認められるときは，その慣習に従う。」旨規定する（民92条）。また，法適用通則法（法の適用に関する通則法：平成18年法律78号）は，法の適用一般に関し総論的な規定として，慣習につき，「公の秩序又は善良の風俗に反しない慣習は，法令の規定により認められたもの又は法令に規定されていない事項に関するものに限り，法律と同一の効力を有する。」と規定する（法適用通則法3条）。

これらを，商法が民法の特別法であり，「特別法は一般法を破る」という法諺にかんがみ整理すると，「商法＞商慣習＞民法＞慣習」の適用順序となる。民法，商法にはそれぞれ特別法があるので，それらを入れ込めば，「商事特別法＞商法＞商慣習＞民事特別法＞民法＞慣習」となる。

ただ，民法，商法の規定中私的自治を許容する場合で，当事者がそれに従う意思を有している場合には，その慣習が民法，商法の規定に優先する場合がある（民92条は，民法についてのみ規定するが，同様なことは商法においても妥当すると解されている）。

商慣習の具体例として，判例において言及されているものとして，近時のものにつき指摘すると，①（守秘義務契約を締結していない場合において）金融機関が顧客に対して負う顧客情報に関する守秘義務（最決平成19年12月11日民集61巻9号3364頁），②信用金庫を債権者とし取引先を保証人とする保証契約は，信用金庫の取引先に対する与信行為に準ずるものとして信用金庫取引約定書の適用範囲に含まれるとする取扱い（最判平成5年1月19日民集47巻1号41頁），③定期預金を期限前に払い戻す場合には利息を日歩7厘（普通預金の利息と同率）とする取扱い（最判昭和41年10月4日民集20巻8号1565頁），④銀行が小切手の取立受託にあたって小切手預り証を委託人に交付した上で，当該預り証には手形取立方について特に依頼があってこれにその内容を明記した場合の外は，法定の手続（裏書その他）をしなかったために生じた事故につき，銀行において一切責任を負わぬという免責約款（最判昭和30年7月26日集民19号251頁）等がある。

2　約款規制と約款の法的性質論

商慣習に関連し，約款規制についてもここで述べておく。企業が消費者との取引等に際し用いる普通取引約款の法的効力を説明するため，かつては，自治法であるとする見解等のほか，前記の商慣習であるとする見解も主張されていた。

　しかし，民法が改正され，現在の民法は，契約の章の中に「定型約款」の名の下に
規定を置き（民548条の2以下），約款が契約であることを前提とした規律を置いてい
る。かつての普通取引約款に関する議論は，今後は，この定型約款に関するものに移
し替えられ，定型約款への該当性，定型約款の組入要件等の問題として議論されてい
くことになると解される。

第2章　商人概念と商行為概念

第1節　商人概念と商行為概念の関係

　商法では，「商人」という概念と「商行為」という2つの概念を使って，その適用範囲を明らかにしている。つまり，商法は，4条1項において固有の商人として，商行為の概念を基礎とする商人概念を定める。そして，商行為について，501条において誰が行っても商行為とする絶対的商行為を定めるとともに，502条において営業として行う限り商行為となる営業的商行為を規定する。絶対的商行為と営業的商行為は，商人の概念の基礎となることから基本的商行為とよばれる。

　他方で，商法4条2項において，商行為の概念を基礎としない擬制商人を商人として認めており，また，503条1項は商人が営業のためにする行為を商行為としており，商人概念から商行為の概念が導かれる場合をも認めている。附属的商行為は，商人の概念から導き出されるものとして，基本的商行為に対して，補助的商行為ともよばれる。

第2節　商人概念

1　固有の商人

　固有の商人とは，自己の名をもって商行為をすることを業とする者をいう（商4条1項）。「自己の名をもって」とは，自己が法律上権利義務の帰属主体となるということである。営業上の損益が自己に帰属するか他人に帰属するか，自らが実際に営業活動をするか否かを問わない。

　「商行為」とは，商法が限定的に列挙している絶対的商行為（商501条）または営業的商行為（商502条）ならびに若干の特別法が商行為と規定する行為（担保付社債信託法3条）のことである。

　「業とする」とは，営業とするということであり，①営利の目的で，②同種（数種

でもよい）の行為を継続的・計画的に行うことをいう。①営利の目的とは，少なくとも収支相償うことが予定されていることをいう。②同種の行為の反復継続を要するとして，その継続期間の長短を問わず，同種の行為がすでに継続されたことも必ずしも必要ではなく，最初の行為も当たる。

2　擬制商人

商行為の概念を基礎としない商人を擬制商人という（商4条2項）。これは，経営の形態・企業的設備に着目して商人性を認めたものである。

(1)　店舗その他これに類似する設備によって物品の販売をなすを業とする者

店舗を使った販売においては，投機購買として行っている絶対的商行為（商501条1号）なのか，自己が生産したものを販売しているのか識別がつかないから，原始生産によって取得した物品を店舗的設備によって販売する業者を商人とみなすこととした。ここでいう店舗とは，継続的取引のために公衆に対して開設されている場所的設備のことをいうと解される。

(2)　鉱業を営む者

鉱業も原始産業の1つであるが，通常大規模な企業的設備をもって経営されることから，当然に商人としている。

3　小商人

小商人とは，商人のうち，法務省令で定めるその営業のために使用する財産の価額が法務省令で定める金額（50万円）を超えないものである（商7条かっこ書，商規3条）。小商人には，商法総則の規定のうち商業登記，商号および商業帳簿，物品販売を目的とする店舗の使用人の代理権に関する規定を適用しないものとしている。

第3節　商人資格の得喪

1　商人資格の取得

(1)　自然人の場合

自然人の商人資格の取得時期は必ずしも営業自体を開始したときではなく，その前であっても，営利目的が明らかにされている以上，商人資格が取得されうると一般に解されている。しかし，営業開始前のどの時点で商人資格が取得されるかについては

見解が分かれており，この問題は開業準備行為が附属的商行為（商503条1項）となるかという問題と相互に関連させて論じられている。この問題に関する見解には，①商人資格を取得するには，営業自体をなす必要はないが，営業の意思を特別の表白行為（店舗の開設，開店広告の配布など）によって外部に発表することを要するとする説（表白行為説）（大判大正14年2月10日民集4巻56頁），②営業の意思が開業準備行為によって主観的に実現されれば，特別の表白行為がなくても，商人資格が取得され，その準備行為は附属的商行為となるとする説（営業意思主観的実現説）（最判昭和33年6月19日民集12巻10号1575頁〔百選2事件〕），③開業準備行為によって商人資格が取得され，その行為が附属的商行為となるために，特別の表白行為は必要ではないが，営業意思が準備行為によって主観的に実現されるだけでは足りず，営業意思が客観的に認識可能であることを要するとする説（営業意思客観的認識可能説），および，④第一に，営業意思が開業準備行為によって主観的に実現された場合に，相手方は，営業のために行ったことを立証するだけで，その準備行為に関しその行為者の商人資格とその行為の附属的商行為性を主張することができるが，行為者自らは商人資格の取得を主張できず，第二に，営業意思が特定の相手方に認識されたかまたは認識されうべき状態となった場合には，行為者が相手方の認識について立証できれば，行為者もその準備行為に関し，相手方に対して自己の商人資格とその行為の附属的商行為性を主張することができ，最後に，商人であることが一般に認識されうべき段階に至ったときは，その者の行為について附属的商行為の推定（商503条2項）が生ずるとする説（段階説）がある。最判昭和47年2月24日民集26巻1号172頁は，②の説と③の説とを結びつけている。

(2)　法人の場合

　法人のうち，会社はすべて，設立時より商人資格を取得する。会社以外の法人は，それぞれの存在目的によって，その権利能力が制限されるから，商人となりうるとは限らない。法人の存在目的が対外的活動の営利性と相容れないときは，商人となりえず，存在目的が営利性と相容れるときに，商法4条の他の要件をも満たすことによって商人となる。

2　商人資格の喪失

　会社は，清算結了時に商人資格を喪失する。自然人は，営業の廃止または営業的設備の廃止のときに商人資格を喪失する。ただし，商人資格の喪失時期は，営業自体だけでなく，その後始末も終了したときである。

第4節　商行為概念

1　絶対的商行為

商法501条は，絶対的商行為として，4種類の行為を限定列挙している。

(1) 投機購買とその実行行為（1号）

利益を得て譲渡する意思をもって，動産，不動産または有価証券を他人から有償で取得し，その取得した動産などを譲渡する行為をいう。これは，安価に目的物たる動産，不動産または有価証券を取得した後に，これを高価に譲渡してその差額を利得する行為である。利益を得て譲渡する意思（投機意思）は，物を取得する時点であればよく，また，相手方が認識できるものでなければならない。取得も譲渡も，ともに有償の債権的行為であり，売買が典型的なものである。したがって，原始生産（農・林・漁・鉱業など）によって原始的取得した物を譲渡する行為は含まれない。

(2) 投機売却とその実行行為（2号）

他から取得する予定の動産または有価証券の供給行為を投機売却といい，他から投機売却の目的物を有償取得する行為を実行行為という。これは，高価に目的物たる動産または有価証券を譲渡する約束をしておき，後に安価に取得してその履行にあて，その差額を利得する行為である。この場合，先行する譲渡契約は，契約締結後一定の時期に目的物を給付することを約する契約たる供給契約であり，即時売買は含まれない。投機の意思は供給契約締結時にあればよく，また，相手方が認識することを要する。目的物が動産または有価証券に限られ，個性のある不動産が除外されていることは，同条1号と異なる。

(3) 取引所においてする取引（3号）

取引所とは，代替性ある動産または有価証券について，一定時期に一定の場所で一定の方式に従って大量的に取引がなされる場所のことである。取引所においてする取引は，取引所における売買の，技術性，定型性，大量性および極度の資本主義的性格から，絶対的商行為とされている。取引所には，商品取引所と金融商品取引所とがあるが，いずれも，そこで取引することができる者は，一定の資格要件等を満たす会員等に限られる（商品先物取引法15条・31条・82条，金商91条）。

(4)　手形その他の商業証券に関する行為（4号）

　手形とは，為替手形・約束手形をいい，その他の商業証券とは，株券，運送証券，倉庫証券など広く商取引の対象となる有価証券のことである。商業証券に関する行為とは，これらの証券を目的とする売買などの実質的行為を含むとする説もある（大判昭和6年7月1日民集10巻498頁）が，これを含まず，証券の発行，裏書，引受けなどの証券上の行為のことであると解するのが通説である。

2　営業的商行為

　商法502条は，営業的商行為として，13種類の行為を限定列挙している。もっぱら賃金を得る目的で物を製造しまたは労務に服する者の行為は，商法の適用外にある。

(1)　投機貸借とその実行行為（1号）

　他に賃貸する目的をもって，動産または不動産を有償取得または賃借する行為，およびその取得または賃借したものの賃貸を目的とする行為をいう。投機購買（商501条1号）との違いは，所有権自体の転換が投機の目的であるのではなく，物の利用が投機の目的である点である。レンタカー業，貸家業などがこれに当たる。投機の意思は有償取得・賃貸の時点であればよい。

(2)　他人のための製造加工（2号）

　他人から材料の給付を受け，または他人の計算において材料を買い入れ，これに製造または加工をすることを引き受ける行為である。製造とは，材料に手を加えて全く異なる種類の物とすることである。加工とは，物の同一性を失わない程度で材料に変更を加えることである。自己の計算において買い入れた材料に対して製造加工をなし，製品を売却するときは，本行為には該当しない。

(3)　電気またはガスの供給に関する行為（3号）

　電気またはガスを継続的に給付することを引き受ける行為をいう。なお，水道業，放送事業等は営業的商行為ではない。

(4)　運送に関する行為（4号）

　運送に関する行為とは，物（物品運送）または人（旅客運送）を一定の場所から他の場所に移動させることを引き受ける行為をいう。

(5)　作業または労務の請負（5号）

作業の請負とは，不動産上のまたは船舶の修繕の工事を請け負うことである。労務の請負とは，労働者の供給を請け負う行為である。

(6)　出版・印刷・撮影に関する行為（6号）

出版に関する行為とは，文書・図画を複製して販売，頒布する行為である。他人と出版契約を結ばず，他人と印刷契約を結ばなくても，印刷物を販売，頒布する行為は出版に関する行為となり，新聞の発行もこれに含まれる。印刷に関する行為とは，機械力または化学力による文書・図画の複製を引き受ける行為をいい，撮影に関する行為とは，写真の撮影を引き受ける行為をいう。

(7)　客の来集を目的とする場屋の取引（7号）

場屋取引とは，公衆の来集に適した物的・人的設備を置いて，これを利用させる取引である。たとえば，ホテル，飲食店，遊園地などの業務行為がこれに属する。理髪店については争いがあり，判例（大判昭和12年11月26日民集16巻1681頁）は，理髪業は場屋の取引に該当しないとするのに対して，通説は，これは場屋営業と解する。

(8)　両替その他の銀行取引（8号）

金銭または有価証券の転換を媒介する行為であり，受信・与信の両行為をなす金融業者の行為がこれに属する。

(9)　保険（9号）

ここにいう保険とは，保険者が保険契約者から対価を受けて保険を引き受ける行為であり，保険営業者の行為たる営利保険を意味し，相互保険および社会保険等は含まれない。

(10)　寄託の引受け（10号）

他人のために物の保管を引き受ける行為であり，倉庫営業者の行為が代表的な例である。同種同等の物を混合して保管する混蔵寄託であっても，さらに同種・同等・同量の物を返還する消費寄託も含まれる。

(11)　仲立ちまたは取次ぎに関する行為（11号）

仲立ちに関する行為とは，他人間の法律行為の媒介を引き受ける行為をいい，商法上の仲立人・民事仲立人・媒介代理商の行為がこれに当たる。取次ぎに関する行為と

は，自己の名をもって他人の計算において法律行為をなすことを引き受ける行為をいい，問屋・運送取扱人・準問屋の行為がこれに当たる。

⑿　商行為の代理の引受け（12号）

委託者のために商行為となる行為の代理を引き受ける行為をいい，締約代理商の行為がこれに当たる。

⒀　信託の引受け（13号）

信託の引受け（信託業法2条）を営業としてなすときは商行為となる。このような営業をなしうる者は，株式会社に限られている（同法4条）。

3　附属的商行為

商人がその営業のためにする行為は商行為とされ（商503条1項），これを附属的商行為という。附属的商行為は営業自体を遂行するための行為に限らず，営業を補助する行為や，営業を有利に導くための行為も含まれる。現に存続している営業のための行為でなくても，開業準備行為や営業の後始末のための行為であっても附属的商行為となりうる。

商法は，取引の安全を図るため，商人の行為はその営業のためにするものと推定している（同条2項）。

第2編◆商法総則

第1章　営業（事業）

第1節　営業（事業）の意義

　営業の概念は，主観的意義の営業と客観的意義の営業とに分けられる。主観的意義の営業とは，商人の営利活動を意味する。すなわち，活動面から営業を捉えたものである（商5条・6条1項・14条・509条1項・510条等）。これに対し，客観的意義の営業とは，商人が営利活動を行うことを目的に有する財産としての営業である。すなわち，組織面から営業をとらえたものであり，「営業の譲渡」における営業がこれに該当する（商16条以下）。主観的意義の営業と客観的意義の営業とは別個のものに思えるが，営業上の財産なしに営業活動はできないし，営業活動の成果により営業上の財産が増加・減少することから，両者は密接な関係にあるといえる。

　なお，会社法では，会社につき「営業」ではなく「事業」という用語が使われている。たとえば，個人商人の営業譲渡に対応する会社の行為については，「事業譲渡」とよんでいる。

第2節　営業所

1　商法上の営業所

　商法において営業所とは，単に取引等の営業活動が行われる場所のことではなく，内部的には，（営業所自体から）指揮命令が発せられ，主要な営業行為がなされ，営業活動の中心となる場所のことをいう。外部的にもそのような場所として現れていることが求められる。営業所に当たるかどうかは，客観的・実質的に決せられるものであり，商人の主観的意図や付せられた名称によるものではない。したがって，売買契約や運送契約のような営業目的である行為がなされる場所であっても，単なる売店や

駅等は必ずしも営業上の主要な活動が行われるものとはいえず，営業所とは認められない。商品の製造や保管等の事実行為を行うにすぎない工場や倉庫も営業所には該当しない。

2　営業所に認められる効果

　営業所に認められる効果としては，以下のものがある。①商行為によって生じた債務の履行場所となる（商516条），②裁判管轄が決まる（民訴5条5号），③商業登記について管轄する登記所が決まる（商登1条の3），④民事訴訟法上の書類の送達場所が決まる（民訴103条），⑤破産事件・民事再生事件・会社更生事件に係る管轄裁判所が決まる（破5条1項，民再5条1項，会更5条1項），⑥営業所としての実質があれば表見支配人が認められる（詳細は，**本編第5章第3節**），である。

第3節　営業譲渡（事業譲渡）

1　営業譲渡の意義

　企業は経済状況等の変化に対応するため，その形態を最適なものに変えていくことがある。その場合，企業の組織を他の企業に売却したり，反対に他の企業の組織を買収したりするといったことがなされる。営業譲渡（会社法では「事業譲渡」とよぶ（会467条以下））は，合併等と同様にそうした組織再編（Mergers & Acquisitions＝M&A）の手段として利用されるのである。

　営業譲渡の概念につき，最高裁（最判昭和40年9月22日民集19巻6号1600頁〔百選15事件〕）は，①一定の営業目的のため組織化され，有機的一体として機能する財産の全部または一部の譲渡，②営業活動の承継，③競業避止義務の負担，という3つの要素を有していることが求められると解している（学説の中には，②や③は不要とする見解も存する）。また，この判例は，会社法467条以下の事業譲渡と会社法総則における同法21条以下の事業譲渡とは同一の意義を有するとする。

　営業譲渡は，譲渡人と譲受人との間の債権契約であり，営業を構成する財産の売買契約に類似するが，さらにこれに得意先の紹介，営業ノウハウの伝授等を加える一種の混合契約とされる。このような契約は，個人商人，会社のいずれも行うことができる。営業譲渡人は譲渡により，多くの場合に商人資格を喪失するが，数個の営業を営む商人が営業の1個を譲渡したり，営業の一部を譲渡したりした場合には，譲渡人は商人の資格を失わない場合もある。また，営業譲受人は，商人，非商人，自然人，会社その他の法人であってもよい。非商人は，営業を譲り受ける行為に着手することに

より商人資格を取得する。

　なお，株式会社が事業を譲渡する場合，原則として株主総会の特別決議が必要とされ，譲渡に反対する株主については，所有する株式の買取りを会社に請求することができる（会467条・309条2項11号・469条）。

2　営業譲渡に係る法的効果

(1)　当事者間における効果

　営業譲渡は取引法上の組織再編行為であり，包括的な組織再編行為である合併や会社分割等とは異なる。このため，格別な移転行為と対抗要件が具備される必要がある。営業の譲渡人は，営業譲渡契約で定めた営業を構成する各種の財産を譲受人に移転する義務を負い，その移転義務の履行として，譲渡人は，財産の種類に従い，必要な手続をしなければならない。たとえば，動産の引渡し，不動産，商号，特許権等の登記または登録を要するものについては，譲受人の登記・登録手続に協力し，必要な書類を譲受人に交付する必要がある。

(2)　競業避止義務

　営業譲渡を行った譲渡人は，特約によって別段の合意をする場合を除いては，同じ市町村内および隣接市町村内において20年間，譲受人と同一の営業を行うことが禁止されている（商16条1項，会21条1項）。ここにいう「市町村」とは，東京都の特別区ならびに政令指定都市（地方自治法252条の19第1項）の区または総合区も含まれる。なお，営業譲渡の当事者は，当事者の合意で譲渡人の競業避止義務を排除し，またはその範囲をより狭いものとすることができる。また，譲渡人が同一の営業を行わない旨の特約は，30年を超えない範囲で有効とされる（商16条2項，会21条2項）。

　また，商法16条（会21条）1項・2項の制限や特約にかかわりなく，譲渡人は，不正競争の目的をもって同一の営業を行うことが禁止されている（商16条3項，会21条3項）。本条項の法的効果に関わる規定は商法・会社法に置かれていないが，事業を譲渡した会社が譲受人（個人商人）の顧客を奪取する目的で譲渡した事業と同一の事業を行ったことにつき，譲受人による会社法21条3項に関わる譲渡会社の事業の差止めと不法行為責任による損害賠償請求が認められた事例がある（知財高判平成29年6月16日判時2355号62頁等を参照）。

3　営業譲渡と債権者保護

(1)　商号を続用する場合
①　制度の趣旨

　営業譲渡があれば，譲渡人と譲受人の間で特段の合意をしない限り（たとえば，営業上の債務については譲渡人に残しておくとの特約を結んでいない限り），譲渡人の営業上の債務も譲受人に移転する。譲渡人の債権者にとって，自己の債権の請求先が譲渡人なのか譲受人なのかという問題は重要である。

　上記に関連し，営業譲渡にあたり，譲受人が譲渡人の商号を続用する場合，譲渡人の営業によって生じた債務について譲受人自身も譲渡人の債権者に対し弁済責任を負うこととなっている（商17条1項，会22条1項）。不真正連帯債務となるのである。判例（最判昭和47年3月2日民集26巻2号183頁等）や通説的見解によれば，この規定の趣旨は，商号の続用により営業主体の誤認が生ずること（譲渡人と譲受人との区別がつきにくい）から，そうした外観を信頼した債権者を保護するために定められたものと解されている。

　なお，商法17条1項・会社法2条1項には，債権者たる第三者の主観的事情（善意・無重過失に関わる）が定められていないが，裁判例の中には，自己の債権が譲受人に移転していないことを知っていた悪意の債権者は保護されないとしたもの（東京地判昭和49年12月9日判時778号96頁等）が存する。しかし，学説の多数（宇都宮地判平成22年3月15日判タ1324号231頁等の裁判例も）は，債権者の主観的事情は要さないと解している。

②　債務免責に係る登記等

　営業譲渡において譲受人は，譲渡人の営業によって生じた一切の債務について弁済の責めを負わなくてはならない。「一切の債務」とは，取引上の債務のほか営業に関わる不法行為上の債務等をいう。そうした債務に対し譲受人は全財産をもって責任を負う。

　なお，商号を続用した譲受人は，遅滞なく譲渡人の債務について責任を負わない旨を登記した場合には，譲受人は責任を免れることができる。また，登記をしない場合であっても，営業譲渡後，遅滞なく譲渡人および譲受人から第三者に対して，譲受人が譲渡人の債務について責任を負わない旨を通知したときは，その通知を受けた第三者に対し譲受人は責任を負わない（商17条2項，会22条2項）。

　ただし，過去の裁判例の中には，旧会社と新会社の双方の代表者が新会社の設立を秘匿しており，新会社が旧会社のようにふるまっていた場合に，債務免責に基づく登記がなされていたとしても，新会社が旧会社の債権者に対する債務の支払を拒絶する

のは，信義則に反すると判断したものがある（東京地判平成12年12月21日金法1621号54頁）。

③　商号の続用に係る事例

営業譲渡については，経営破綻に直面した企業が別会社を設立し，そこにプラスの資産（営業を継続するために必要な）だけを移転し，元の会社にマイナスの資産（借金等の債務）を残し，取引先等の債権者に対する債務返済を免れるために利用されることがあるという。いわゆる「詐害的な営業譲渡」である（このため，商法17条1項の趣旨につき，同条項は詐害的な営業譲渡を抑制するために機能している解する学説も存する）。

これまでの判例の中には，債権者に対する債務逃れのために会社が別会社を作り営業譲渡がなされる場合があるものの，会社の種類が異なり，元の商号に「新」の字句が附加されていた場合（「有限会社米安商店」→「合資会社新米安商店」）には，商号の続用に当たらず，商法17条1項（会22条1項）の適用対象にならないとしたものがある（最判昭和38年3月1日民集17巻2号280頁〔百選17事件〕）。しかし，この判例の立場は形式的過ぎるとして，反対する学説が多い。

上記の最高裁の立場はかなり厳格であったが，下級審裁判例の中には，商号が同一でなくても，問題となった営業譲渡における譲渡人と譲受人との営業内容や経営者・従業員・営業場所等といった事実関係も考慮して，商法17条1項（会22条1項）により譲受人の責任を肯定したものがあるという（こうした要件は，後述の商号以外の名称の続用が問題とされた事例でもとられている）。たとえば，「株式会社日本電気産業社」と「株式会社日本電気産業」（大阪地判昭和40年1月25日下民16巻1号84頁），「第一化成株式会社」と「第一化成工業株式会社」（東京地判昭和42年7月12日判タ213号167頁），「仙禽酒造株式会社」と「株式会社せんきん」（前掲宇都宮地判平成22年3月15日）等がある。

また，現物出資に関わる事案ではあるが，出資を受けて設立された会社（株式会社鉄玉組）が，出資した者（鉄玉組）の商号を続用した場合に，出資者の債権者からすれば，自己の債権も出資会社に移転されたものと信ずるのが通常であるとして，商法17条1項（会22条1項）の類推適用が認められた判例（前掲最判昭和47年3月2日）がある。

④　類推適用に係る事例

商法17条1項（会22条1項）の類推適用に関わる事例については，以下のようなものがある。まず，譲受人が譲渡人の屋号を商号として続用していた場合につき，商法17条1項（会22条1項）の適用ないし類推適用を認めたものがあるが，その多くは譲渡会社の商号と関わりのある屋号を譲受会社が続用したケース（東京地判昭和54年7

月19日判時946号110頁〔「株式会社下田観光ホテル海山荘」の屋号「下田観光ホテル」を，譲受会社である「大洋興産株式会社」が続用していた事案〕。東京地判平成12年9月29日金判1131号57頁等も参照）であるが，譲渡会社の商号と関わりのない屋号が続用された事案につき，営業の外形に変化がないとして，商法17条1項（会22条1項）の類推適用を認めた事例もある（長野地判平成14年12月27日判タ1158号188頁〔譲受会社「株式会社オンセン」が，譲渡会社「ふるさと村株式会社」の屋号である「カラオケハウスモンビラージュ」を続用した事案〕。反対に，商号と関わりのない屋号の続用に対し類推適用を認めなかった事案として，東京地判平成18年3月24日判時1940号158頁，東京地判平成29年10月24日LEX/DB25548835等がある）。

このほか，近時は，預託金の償還期限を迎えた預託金会員制ゴルフ場が経営破綻に直面し，ゴルフ場運営会社（譲渡会社）がゴルフ場事業を当該会社が設立した別会社（譲受会社）に譲渡したところ，会員権者が，ゴルフ場事業では運営会社の商号よりもゴルフクラブの名称が用いられることが多いことから，ゴルフクラブの名称を続用した譲受会社に対し預託金の返還を求める訴訟が多数提起され，商法17条1項（会22条1項）の類推適用により，譲受会社の弁済責任を認める下級審判例が少なからず存在していた。

この問題について，最高裁は，「預託金会員制のゴルフクラブの名称がゴルフ場の営業主体を表示するものとして用いられている場合において，ゴルフ場の営業の譲渡がされ，譲渡人が用いていたゴルフクラブの名称を譲受人が継続して使用しているときには，譲受人が譲受後遅滞なく当該ゴルフクラブの会員によるゴルフ場施設の優先的利用を拒否したなどの特段の事情がない限り，会員において，同一の営業主体による営業が継続しているものと信じたり，営業主体の変更があったけれども譲受人により譲渡人の債務の引受けがされたと信じたりすることは，無理からぬもの」とし，譲受会社は特段の事情がない限り，商法17条1項（会22条1項）の類推適用により，預託金の返還義務がある旨判示した（最判平成16年2月20日民集58巻2号367頁〔百選18事件〕）。

前掲最判平成16年2月20日の法理には，ゴルフ場に係る預託金返還請求権者（＝一般消費者）を詐害的な組織再編から保護することがその背景にあったとされるが，同様の組織再編が会社分割制度を利用して実行されるケースも存したことから，最高裁は，その後も前掲最判平成16年2月20日の法理を基に会社分割にも会社法22条1項の類推適用を肯定し，ゴルフ場の事業を承継した会社の弁済責任を認めている（最判平成20年6月10日判タ1275号83頁〔百選19事件〕）。前掲最判平成20年6月10日以降の裁判例の中には，飲食店経営の会社からクレープ店のフランチャイズ事業を会社分割によって承継した会社が，分割会社の店舗名を商号として続用した事案につき，裁判所

は，旧会社と新会社との関係を考慮した上で，会社法22条１項の類推適用を認めたものがある（東京地判平成22年７月９日判時2086号144頁）。

　なお，会社法下でのケースであるが，譲渡会社の標章等を譲受会社が商号として続用していた場合につき，標章には，「商号と同様に，商品等の出所を表示し，品質を保証し，広告宣伝の効果を上げる機能がある」として，会社法22条１項の類推適用を認定する事例（東京地判平成27年10月２日判時2292号94頁や東京地判平成31年１月29日金判1566号45頁を参照）も登場している。しかし，屋号や標章等は商号と法的に異なること，こうした名称に対し同条項の類推適用ができるとなると，続用に係る名称の範囲がなし崩し的に拡大してしまうおそれがあることから，こうした裁判例に対しては疑問も呈されている。

(2)　商号を続用しない場合

　営業譲渡にあたり，譲受人が譲渡人の商号を続用しない場合には，一般に別個の営業と見られるため，譲受人は譲渡人の営業上の債務につき責任を負わない。しかし，譲受人が，特に譲渡人の営業によって生じた債務を引き受ける旨を広告（新聞やちらし等を利用した広告）したときには，債権者は譲受人に対して弁済を請求することができる（商18条１項，会23条１項）。譲受人が一般的な広告の方法ではなく，個別的に債務引受けの意思表示をした場合にも，その意思表示を受けた債権者は，譲受人に対して弁済の請求を行うことができる。

　過去の判例の中には，広告の中に「債務引受け」に係る文字が記載されている必要はなく，事業の譲受に係る文字があれば債務引受け広告に当たると解したものがある（最判昭和29年10月７日民集８巻10号1795頁）。このほか，譲受会社による譲渡会社の債権者に対する事業開始に係る挨拶状が債務引受け広告に当たらないとされた事例（最判昭和36年10月13日民集15巻９号2320頁）があるが，譲受会社が譲渡会社の債権者に対し，具体的に事業譲渡を受けたとの挨拶状を送付した場合には，債務引受け通知に当たると解した裁判例が存する（東京地判平成９年７月30日判時1638号）。

(3)　譲渡人の弁済責任の期間

　営業の譲受人が譲渡人の債務について弁済の責任を負う場合，譲渡人に長い期間責任を認めるのは妥当ではないので，法はその除斥期間を設けている。すなわち，譲渡人の弁済責任は，営業の譲渡（商号の続用がある場合）または債務引受の広告もしくは意思表示（商号の続用がない営業譲渡の場合）の後２年以内に請求もしくは請求の予告をしない債権者に対し，２年の期間が経過した時点で消滅する（商17条３項・18条１項，会22条３項・23条２項）。

⑷　詐害的な営業譲渡に係る規定

　営業譲渡に関する裁判例の多くが詐害的なものであったことから，そうした組織再編から債権者を保護するため，平成26年の改正商法（改正会社法）では，以下のような定めが置かれた。すなわち，譲渡人が「残存債権者」（譲受人に承継されない債務の債権者）を害することを知って営業を譲渡した場合には，残存債権者は，譲受人に対し承継した財産の価額を限度として，債務の履行を請求することができる（商18条の2第1項，会23条の2第1項）。ただし，譲受人が営業譲渡の効力発生時に残存債権者が害されることを知らなかったときは，請求は認められない（同項ただし書）。

　上記の譲渡人の責任は，残存債権者が，譲渡人が残存債権者を害することを知って営業を譲渡したことを知ったときから2年が経過した後に消滅し，また，営業譲渡の効力日から10年を経過したときも消滅する（商18条の2第2項。会23条の2第2項））。

　このほか，残存債権者の譲受人に対する権利は，譲渡人の破産等の手続がなされたときには行使することができない（商18条の2第3項，会23条の2第3項）。

　なお，詐害的な営業譲渡については，前記の商法17条（会22条）のほか，詐害行為取消権（民424条）や法人格否認の法理の活用も可能と解されている（学説には，会社法23条の2が債権者保護を果たすには一定の限界があるとして，今後も詐害的な営業譲渡の場面で商法17条等が利用されるとの指摘もある）。

4　営業譲渡と債務者の救済

　ここでは，譲渡人の債務者との関係が重要とされる。営業譲渡に際して，譲受人が譲渡人の商号を続用する場合，営業主体の誤認が生じやすい。そのため，商号の続用がある場合，譲渡人の営業によって生じた債権につき，債務者の譲受人に対する弁済は，債務者が善意・無重過失であれば，有効とされる（商17条4項。会22条4項））。善意とは，営業譲渡の存在を知らないことをいう。

　この規定の趣旨は，商号続用という外観を信頼した債務者を保護し，たとえ譲渡人から譲受人に債権の譲渡がなされていないときでも，譲受人に対する弁済を有効なものとし，善意・無重過失の債務者について二重弁済のリスクから保護するためとされている。

第2章　営業(事業)のための
　　　　　仕組み1：商業登記制度

第1節　情報の公示機能

> 【Case 1】
> 　Aは個人で運送業を行っている。営業（事業）活動を行っていることを多くの人に知らせる方法はあるだろうか。

　個人事業主が行う事業活動を公示する方法として，商業登記がある。

　商業登記は，商人に関する取引上重要な事項を公示することにより，集団的・反復的に行われる商行為の円滑と確実を図り，商人をめぐる関係経済主体間の利害を調整することを目的とする制度である。

　商人との取引にあたり，取引の相手方は，誰が商人であるのか，商人は自然人か会社か，商業使用人の代理権の範囲はどうなっているか，会社の場合は代表機関がどうなっており，代表者は誰か等を把握する必要がある。このような内部情報は商人の側から開示されなければ相手方は知ることができない。他方，商人の側においても，こうした情報を取引ごとに相手方に通知しなければならないとすれば不都合である。また，商人の資力等の取引上重要な事項を公示することができれば，商人自身の信用を明らかにすることができる。そこで，商人に関する一定の情報を公示するのが，商業登記制度である。

　もっとも，公示すべき情報の範囲が問題となる。一方では，商人の営業上の秘密を保持する必要がある。他方では商人が公示した情報について，相手方がそれを知らなかった場合に，そのことによって生じた不利益を相手方が負わなければならないことになれば問題である。そこで，登記事項は法律で規定され，取引上重要な事項について一定の手続のもとに公示することとして商人の便宜を図るとともに，相手方も容易に情報を入手でき，情報の不知による不測の損害を生じることがないようにした。これが商業登記制度の機能である。

第2節　商業登記とは

　商業登記とは，商法，会社法その他の法律の規定に基づき，商業登記法の定めに従って，商人に関する一定の事項を商業登記簿に記載する登記をいう。商業登記簿には，商号登記簿，未成年者登記簿，後見人登記簿，支配人登記簿，株式会社登記簿，合名会社登記簿，合資会社登記簿，合同会社登記簿，外国会社登記簿の9種があり（商登6条），登記所（法務省，地方法務局またはその支局，出張所）に備えられる（商登1条の3）。これ以外の登記簿になされる登記は，商法の規定に基づく登記であっても商業登記ではない（たとえば，船舶登記（商686条，船舶法34条））。

　商業登記は，商人に関する登記であるため，一般社団・財団法人，各種協同組合，保険相互会社等の登記とは異なる。もっとも，これらの者の登記の効力や登記の手続については商業登記と類似の規定が置かれている（農業協同組合法9条・73条の9，消費生活協同組合法7条・74条，保険業法64条）。

　また，商業登記は，権利義務の主体に関する登記であり，法律に特別の規定（商15条2項等）がない限りは事実・法律関係の公示の機能を有するだけである点で，権利の客体に関する不動産登記（これは権利の公示と権利変動の対抗要件（民177条）が認められる）とも異なる。

第3節　商業登記事項

> 【Case 2】
> 　Aは，「A運送」という商号で登記しようと考えている。個人事業主が商号を登記することは法的な義務になっているのだろうか。登記した場合，どのような点に注意すべきであろうか。

1　商業登記事項の法定

　前述第1節のとおり，登記事項は法律で規定されており，それ以外の事項を申請しても却下されることになる（商登24条2号）。

　登記すべき事項が公示されると，公示された事項は善意の第三者に対抗することができるから（商9条1項，会908条1項，後述第5節1，2），取引安全の要請も生じるからである。何を登記事項とするかは高度な政策判断を必要とするものである。登記事項は，商法，会社法のほか，会社更生法，破産法，等にも定められている。

2　商業登記事項の分類

(1)　絶対的登記事項と相対的登記事項

　絶対的登記事項とは，商人が必ず登記しなければならないものをいう。相対的登記事項とは，登記するか否かが商人の任意に委ねられているものである。

　登記事項の多くが絶対的登記事項である。たとえば，会社法に定める登記事項（会911条以下）のすべてが，個人商人の場合は，未成年者または後見人が営業を行う事実（商 5 条・ 6 条 1 項），支配人の選任および代理権の消滅（商22条）が，これに当たる。相対的登記事項に該当するものには，【Case 2 】のように個人商人の商号（商11条 1 項）がある。

　登記した事項に変更が生じたとき，またはその事項が消滅したときは，当事者は遅滞なく，変更または消滅の登記をしなければならない（商10条，会909条）。会社の場合，本店所在地において 2 週間以内に登記する必要がある（会915条）。

　相対的登記事項であっても，いったん登記すればその変更および消滅は絶対的登記事項と同じ扱いになる。個人商人の場合，絶対的登記事項について登記を懈怠したとしても私法上不利益を被る（商 9 条 1 項）にとどまり，罰則の制裁はない。これに対し，会社の場合は登記を懈怠したことによる私法上の不利益を受ける（会908条 1 項）ほか，取締役等に対し過料の制裁が科される（会976条 1 号）。

(2)　設権的登記事項と免責的登記事項

　設権的登記事項とは，事実・法律関係の創設に関する登記事項をいう。免責的登記事項とは，当該事項（事実・法律関係）の関係当事者が責任を免れる機能をもつ登記事項をいう。

　設権的登記事項に該当するのは，商号選定（商11条 2 項），支配人の選任（商22条前段，会918条），会社の設立（会49条・579条），代表取締役・代表執行役の選任（会911条 3 項14号23号ハ）等である。免責的登記事項に該当するのは，支配人の代理権消滅（商22条後段，会918条），代表取締役・代表執行役の退任（会911条 3 項14号23号ハ・915条）等である。

第 4 節　登記手続

1　登記の申請

　商業登記は，当事者の申請によって登記するのが原則である（当事者申請主義，商

8条，10条，会907条，商登14条・36条）。その例外として，官庁の嘱託による場合（商登14条・15条），利害関係人の申請による場合，職権による場合等がある。

　官庁の嘱託の典型例は，登記事項が裁判によって生じた場合の裁判所の嘱託である（会社設立無効の登記，株式会社の役員の解任の訴え等（会937条・938条））。利害関係人の申請による場合は，商号の廃止・変更をした者がその旨の登記をしないときに，当該商号の登記に係る営業所（会社の場合は本店）の所在場所において同一の商号を使用しようとする者が当該商業登記の抹消を申請することができるとするものである（商登33条）。職権による場合は，休眠会社のみなし解散の登記（会472条1項，商登72条）等がある。

2　登記官の審査権

　登記が申請された場合における登記官の審査権については，形式的審査主義（申請された事項が法定の登記事項を具備しているか等の申請の形式上の適法性についてのみ審査する権限・義務があるとする考え方）と実質的審査主義（形式上の適法性審査を超えて申請事項の真否についても審査する権限・義務があるとする考え方）がある。前者によれば登記手続が迅速に行われるのに対し，後者によれば真実の公示により近づくことになる。

　登記官の審査権の範囲について，商業登記法24条は，理由を付した決定で，登記申請の却下事由を列挙している。これは，登記の事務処理の適正化を図ろうとするもので，登記所の管轄違い，登記事項以外の事項の登記申請，申請権限のない者による申請等，ほとんどが形式的事由である。もっとも，商業登記法24条10号は，「登記すべき事項につき無効又は取消しの原因があるとき」という事由を規定しており，登記官がその存否をどのように判断すべきかが問題となる。

　実質的審査事項ともみえるが，多数説は，登記事項である法律関係の無効であることが客観的に明白である場合に限られ，登記事項である法律関係の有効無効につき解釈上疑義がある場合には，登記官は一応その登記をして，有効無効の決定は関係者が訴訟において争うところに任せるべきであると解する。判例は一貫して形式的審査主義の立場をとり，登記官の審査権は，申請書，添付書類，登記簿など法律上許された資料のみによるものとする（最判昭和43年12月24日民集22巻13号3334頁〔百選9事件〕）。

3　登記事項の公示

　商業登記簿は，磁気ディスクをもって調製されており（商登1条の2第1号），誰でも，手数料を納付して，登記簿に記録されている事項を証明した書面（登記事項証

明書）の交付と登記簿に記録されている事項の概要を記載した書面（登記事項要約書）の交付を請求することができる（商登10条1項・11条）。また，登記簿の附属書類の閲覧について利害関係を有する者は，手数料を納付して，その閲覧を請求することができる（商登11条の2）。

　登記事項証明書の交付等については，法務省の登記・供託オンライン申請システムや民事法務協会ホームページから手数料を支払ってオンライン請求することもできる。

第5節　商業登記の効力

【Case 3】
　「A運送」という商号の登記をするとどのような効力が認められるのか。

1　商業登記の一般的効力

　登記すべき事項は，(1)登記の後でなければ，これをもって善意の第三者に対抗することができず，また，(2)登記の後であっても，第三者が正当な事由によってその登記があることを知らなかったときも，同様にこれをもって善意の第三者に対抗することができない（商9条1項，会908条1項）。(1)を消極的公示力，(2)を積極的公示力という。

(1)　登記前の効力（消極的公示力）
　商業登記の消極的公示力とは，登記すべき事項については，たとえ登記前にそれに関する事実関係・法律関係が形成されていても，それが登記されるまでは，当事者は，その事項を善意の第三者に対抗することができないというものである（商9条1項前段，会908条1項前段）。対抗とは，登記義務者から善意の第三者にその事実・法律関係を抗弁として主張することができないということである。たとえば，支配人の選任や解任（商22条，会918条）は商人・会社と支配人との間では，登記の有無にかかわらず選任や解任の効力を生ずるが，登記事項であるため，登記しない限り善意の第三者に対して対抗できない。特に解任後に元支配人が第三者との間で無権代理行為を行ったが，解任による代理権の消滅について登記がなされていない場合には，商人・会社は，そのことを知らない第三者に代理権の消滅を主張することはできない。このように，免責的登記事項（前述第3節2(2)）が問題となるときに重要な意義をもつ。もっとも，善意の第三者に対抗できないとするだけであるから，第三者の側から，登記当事者に対して当該事項に関する事実・法律関係の存在を主張することはできる。

　この効力は，登記当事者と第三者の間に利害の対立がある場合に及ぶだけであり，登記当事者間には及ばない。同様に第三者相互間にも及ばない（最判昭和29年10月15日民集8巻10号1898頁〔百選4事件〕）。

　第三者の善意とは，登記事項の事実や法律関係の存在を知らないことをいうが，それは利害関係を生じた時や取引の時を基準とし，善意であれば重過失があっても保護される。悪意の証明責任は登記すべき者にある。

(2)　登記後の効力（積極的公示力）

　商業登記の積極的公示力とは，登記すべき事項を登記した後は，登記当事者はその事項を知らない第三者にも対抗することができ（商9条1項後段，会908条1項後段），登記により第三者は当然にその事実を知っているものと扱われるというものである。登記後には第三者も登記を確認すべきであり，それを怠った第三者には登記事項に係る事実・法律関係について悪意と擬制されても仕方ない（第三者の悪意擬制）と考えるべきだからである。登記の積極的公示力により，民法の代理権消滅後の表見代理（民112条）の適用は排除される，というのが判例（最判昭和49年3月22日民集28巻2号368頁〔百選6事件〕）の立場である。

　ただし，登記後においても，第三者が正当な事由によってその登記があることを知らなかったときは，登記事項を善意の第三者に対抗することができない。ここにいう正当な事由はきわめて狭く解されている。病気や長期の旅行による不在のような第三者の主観的事由によると考えるべきではなく，登記を知ろうにも知ることができないような客観的事由（たとえば地震災害による交通の途絶等）に限られると解すべきである（最判昭和52年12月23日判時880号78頁〔百選7事件〕）。正当事由の証明責任は第三者にある。

2　商法9条1項・会社法908条1項の適用範囲

　商法9条1項・会社法908条1項は，大量・継続的に取引をする商人と第三者との利害関係を図るものである。そのため，原則として取引行為のみに適用される。

　これに対し，これらの規定が訴訟行為に適用されるかは見解が分かれる。民事訴訟において誰が当事者である会社を代表する権限を有する者であるかを定めるにあたり，会社法908条1項は，会社と実体法上の取引関係に立つ第三者を保護するために，登記をもって対抗要件としていることから，判例はその適用を否定する（最判昭和43年11月1日民集22巻12号2402頁〔百選5事件〕）。これに対し，原則として適用すべきであるとする見解も多い。

3　不実の登記

　商業登記は既存の事実・法律関係を登記によって公示するものであるから，登記事項となる事実・法律関係が現実に存在していなければ登記がなされても原則として効力は生じない。そのため，登記をした者自身が登記事項が存在しないことを主張することも考えられる。しかし，登記をみた者は，登記された事実・法律関係を信じるのであるから，そのような真実に反する登記（不実の登記）がなされると，商業登記制度自体への信頼が損なわれることになる。

　そこで，故意または過失によって不実の事項を登記した者は，善意の第三者に対して，その事項が不実であることを対抗できない（商9条2項，会908条2項）ものとして登記への信頼を保護する規定が設けられている。これは禁反言則の表れであり，商業登記の公信力ともいわれる。

　登記申請権者が，登記の申請内容が不実であることを知り（故意），または不実であることを知ることができたにもかかわらず誤って（過失），虚偽の内容の登記をした場合が適用対象となる。そのため，登記官の過誤や第三者の虚偽の申請により不実の登記がなされた場合は該当しない（最判昭和55年9月11日民集34巻5号717頁）。もっとも，登記申請権者が不実の登記の実現に加功し，または不実登記の存在が判明しているのにその是正措置をとることなくこれを放置した場合には，商法9条2項，会社法908条2項の類推適用が認められよう。

> 【Case 4】
> 　B会社は，Cが代表取締役をしていたD会社の一部門を独立させた会社であり，B会社の経営権は営業部長の地位にあるCが握っていた。Cに頼まれてY₁は名目上B会社の代表取締役に就任し，その登記もされているが，就任に必要な株主総会の選任決議等の手続はなされていない。ところが，Cによる不正融資がきっかけでB会社もD会社も倒産した。B会社に100万円の債権をもつX₁は，Y₁に対し損害賠償責任を追及することができるか。

　適法な選任決議（株主総会の選任決議。会329条1項）がされていないが，取締役（代表取締役）として登記されている，登記簿上の取締役に会社法429条1項の取締役の第三者に対する責任を問うことができるかが問題である。適法な選任決議がないため，Y₁は取締役に当たらないはずである。しかし，代表取締役就任の登記がある（会911条3項14号）ため，登記簿を信頼した者の信頼は保護されるべきである。前述のとおり，会社法は，故意または過失によって不実の事項を登記した者は，その登記事

項が不実であることをもって善意の第三者に対抗できないと規定する（会908条2項）。不実の登記事項を登記した者（登記申請権者）はB会社であって，Y₁個人ではないものの，判例は「その不実の登記事項が株式会社の取締役への就任であり，かつ，その就任の登記につき取締役とされた本人が承諾を与えたのであれば，同人もまた不実の登記の出現に加功したものというべ」きであり，「同人に対する関係においても，当該事項の登記を申請した承認に対する関係におけると同様，善意の第三者を保護する必要がある」（最判昭和47年6月15日民集26巻5号984頁〔百選8事件〕）から，会社法908条2項の規定が類推適用される。したがって，Y₁がB会社の取締役でないことをもって善意の第三者X₁に対抗することができず，Y₁はX₁に対し会社法429条の責任を負うことが認められよう。

【Case 5】

　E会社（代表取締役F）の非常勤取締役Y₂は，E会社の経営悪化を機に取締役を辞任した。Y₂はE会社の経営に関与しておらず，辞任後も関与していなかった。E会社はFの放漫経営により倒産したため，E会社に取立不能の債権100万円をもつ債権者X₂は，登記簿上取締役のままであったY₂に対し，Fの行為に対する監視義務違反があったとして損害賠償責任を追及することができるか。

　取締役は，退任すると同時にその権利義務を喪失する。ただし，取締役が欠けるなど一定の場合には，新たに選任された取締役が就任するまでの間，退任取締役はなお取締役としての権利義務を有する（会346条1項）ため，第三者に対する損害賠償責任（会429条1項）を負担し続ける。しかし，辞任後も取締役として活動していない者でもなお責任を負うとするのは酷であろう。

　判例は，「取締役を辞任した者が，登記申請権者である当該株式会社の代表者に対し，辞任登記を申請しないで不実の登記を残存させることにつき明示的に承諾を与えていたなどの特段の事情が存在する場合」には，会社法908条2項の類推適用により，善意の第三者に対して当該株式会社の取締役でないことをもって対抗することができない結果，会社法429条1項の責任を免れることはできないが，「株式会社の取締役を辞任した者は，辞任したにもかかわらずなお積極的に取締役として対外的又は内部的な行為をあえてした場合を除いては，辞任登記が未了であることによりその者が取締役であると信じて当該株式会社と取引した第三者に対しても」会社法429条1項に基づく損害賠償責任を負わないと判示する（最判昭和62年4月16日判時1248号127頁〔会社百選72事件〕）。このことを考慮すればX₂による会社法429条の責任追及を認めることは困難であろう。

4　商業登記の特殊の効力

　商業帳簿には，既存の事実や法律関係の公示という一般的な効力（宣言的効力）のほか，次の効力がある。これを特殊の効力という。

(1)　創設的効力
　登記によって一定の法律関係が創設されるという効力である。典型例は，会社の設立登記（会49条・579条）である。

(2)　補完的効力（治癒的効力）
　法律関係に一定の瑕疵があっても，登記がされた後ではその瑕疵の主張が認められなくなり，瑕疵が補完（治癒）されるという効力である。たとえば，発起人・設立時募集株式の引受人が会社の成立後，錯誤等を理由として設立時発行株式の引受けの取消をすることができなくなる（会51条2項・102条6項）等である。

(3)　強化的効力
　登記によって法律関係の保護が強化されるという効力である。外国会社は，外国会社の登記をすると日本において取引を継続してすることができること（会818条1項）や，個人商人の商号の登記（商11条2項）等である。

(4)　付随的効力
　登記によりある行為の許容または責任免除の基準となるという効力である。たとえば，持分会社の社員の責任は，退社登記から2年で免責される（会612条2項）等である。

(5)　対抗力
　登記により第三者への対抗力が認められる場合もある。商号の譲渡が行われた場合における対抗力（商15条2項）等である。

第3章　営業(事業)のための仕組み2:商号・名板貸

第1節　商号制度の概要

【Case 1】
　Aは,「Aデザインオフィス」という名称を使って営業活動をしたいと考えている。どのような点に注意すべきであろうか。

1　商号とは

　商号は,商人や会社が営業・事業上自己を表示する名称である。商号はその営業・事業において長年使用されることで,商号自体が「信用」と結びつく。そのため,商号に対して法的な保護が与えられている。

　商号とは,商人(商4条1項)が営業上自己を表示する名称,または,会社・外国会社(会2条1号2号・6条1項)の名称である。自己を表示する「名称」であるから,文字で記載され,発音できるものでなければならず,模様や図形を用いることはできない。日本文字のほか,ローマ字その他の符号で法務大臣の指定するものを用いることができる(商業登記規則50条。アラビヤ数字や一定の符号(&,－,・等)が指定されている)。

　商号は「商人」の名称であるから,実際に営業活動を行っていても商人でない者の名称は商号ではない。たとえば,協同組合や保険相互会社の名称は商号ではないことになる。

　商号は,長年使用することにより営業そのものを表し,社会的に当該営業に対する信用を集める機能をもつことになる。そのため,商法では(個人)商人の商号につき,会社法では会社名につき,それぞれ商業登記による保護を行っている(商11条2項,会911条3項2号等)。

2　小商人と商号

　もっともすべての商号について登記を要求すると，営業規模に対し登記費用が重い小規模商人の商号が保護されないことになる。そこで，小商人（商人のうち，その営業の用に供する財産の最終営業年度の貸借対照表（開業時には開業時の貸借対照表）計上額が50万円以下の者である（商7条，商規3条））も商号を採用することができる（商11条1項。ただし，それを登記することはできない（商7条・11条2項））。

第2節　商号選定に関する規制

1　商人の商号

(1)　商号自由主義

　前述第1節のとおり商号は商人が「営業上」自己を表示する名称であるから，商号と実際の営業活動の内容が一致する必要があるかが問題となる。

　これについて商法は，商人は，その氏，氏名その他の名称をもってその商号とすることができると規定し（商11条1項），商号と営業の一致を要求していない（商号自由主義）。

　一致を要求しない理由としてあげられるのは，日本では，商人はかねてより商人が自己の営業を表すために「屋号」を用いてきたことにある。「屋号」として，たとえば「越後屋」のように創業者の出身地や出自等が用いられてきたので，商法においても商号と営業の一致を要求しなかったのである。

(2)　商号単一の原則

　商号は営業活動における商人の名称であり，社会的にはその活動に対する信頼の対象となる。そこで，営業活動を行う商人を保護するために，1個の営業には1個の商号のみが認められる。これを商号単一の原則という。もっとも，自然人は営業活動以外の活動を行うことも，また複数の営業を行うこともある。そのことに配慮して，自然人は1個の商号を複数の営業を使うことも，営業ごとに別の商号を使うこともできる（商登28条2項1号2号参照）。

　しかし，その場合でも，1個の営業に複数の商号を使うことはできない。これを認めると，一般大衆が取引をする際にどの商人と取引をしているかの誤認を生じやすくするからである（商12条参照）。そのため，1個の営業について複数の支店（営業所）がある場合であっても，支店ごとに異なる商号を使うことはできない。

2　会社の商号

(1)　株式会社と持分会社（合名会社，合資会社，合同会社）

これに対し，会社については規制が異なる。会社は，自然人のように氏名をもたないのであるから，その商号は自己を表示する名称である（会6条1項）。会社は登記によって成立し（会49条・579条），その商号は登記事項となっている（会911条3項2号・912条2号・913条2号・914条2号）。そのため，会社が複数の事業を営んでいても，複数の商号を使うことはできない。

会社の場合は，①会社の種類によって社員の責任や組織が異なるため，会社は，会社の種類（株式会社，合名会社，合資会社または合同会社）に従い，それぞれその商号中に株式会社等の文字を用いなければならず（会6条2項），②その商号中に，他の種類の会社であると誤認されるおそれのある文字を用いてはならない（同条3項）。また，③会社と会社以外の者についても，その名称または商号中に会社と誤認されるおそれのある文字を使用することもできない（会7条）。

(2)　特例有限会社

前述(1)の会社の商号以外に「有限会社」という商号も使われている。

特例有限会社とは，その商号中に「有限会社」という文字を用いなければならない株式会社である（整備3条1項2項）。特例有限会社は，特例有限会社のままで存続し続けてもかまわないが，通常の株式会社へと移行することもできる。すなわち，特例有限会社が通常の株式会社に移行することを目的とする商号変更のための定款変更をする株主総会の決議をしたときは，その本店の所在地においては2週間以内に，①当該特例有限会社については「解散の登記」をし，②商号の変更後の株式会社については「設立の登記」をしなければならない（整備46条1項）。

平成17年に制定された会社法は，それまでの有限会社を廃止し，株式会社と有限会社を1つの会社類型として規律した（整備1条3号）ため，会社法施行後は新たに有限会社を設立できない。

もっとも，解散登記と設立の登記が必要であるといっても，特例有限会社から株式会社へと変更するのは商号変更のための定款変更手続であって，別の法人になるわけではない。そのため，特例有限会社が通常の株式会社に移行しても特段の債権者保護手続は要求されない。

第3節　商号の登記

> 【Case 2】
> 　Aは，「Aデザインオフィス」という商号を使い，東京都千代田区神田三崎町の
> Bビルの3階で登記しよう考えていたが，同じビルの6階にCが経営する「Aデ
> ザインオフィス」という商号が登記されている場合はどうなるか。

　前述**第2節2**のとおり会社の商号は登記事項（商業登記については本編**第2章**参照）となっているから，必ず登記しなければならない。会社の商号は各会社の登記簿に登記される（商登6条5号～8号・34条1項）。

　これに対して，自然人である商人については，その商号を登記するか否かは自由である（商11条2項）。そのため，商人の商号には，登記商号と未登記商号があることになる（後者の例としては，前述**第1節2**の小商人の商号等がある）。自然人の商号は，商号登記簿に登記される（商登6条1号・27条）。

　問題となるのは，同一の所在場所に同一の商号で営業する者が複数いる場合である。この場合，仮に営業が異なっていたとしてもどの商人の営業であるかがはっきりせず，無用の混乱を招くことになる。そこで，商号の登記は，その商号が他人のすでに登記した商号と同一であり，かつ，その営業所（会社にあっては，本店）の所在場所が当該他人の商号の登記に係る営業所の所在場所と同一であるときは，することができない（商登27条）。そのため，【Case 2】のように同一商号が登記されている場合は，Aによる登記申請は却下されることになる（商登24条13号）。

第4節　商号の不正使用の排除

1　商号使用権

　商人は，自己の選定した商号を，自己の営業活動において，他人の妨害を受けずに自由に使用することができる。これを商号使用権という（商12条1項，会8条1項）。前述**第2節1(1)**の商号自由主義（商11条）が法律上認められていることから，商号使用権は，登記商号だけではなく未登記商号についても認められている。そのため，商号を不正の目的なく事実上使用している場合には，未登記商号であっても，それと同一または類似の商号を選定し登記した者からの使用差止（商12条2項，会8条2項）を求められない。

商号使用権の侵害は不法行為（民709条）となる。

2　商号専用権

(1)　商法・会社法上の商号専用権

さらに，商号専用権（他人が同一または類似の商号を使用して不正に競業するときにその商号の使用を排除することができる権利）もある。これは，不正の目的をもって，他の商人または他の会社であると誤認されるおそれのある名称または商号を使用している者がある場合において，その使用によって営業上の利益を侵害され，または侵害されるおそれがある商人または会社は，その営業上の利益を侵害する者または侵害するおそれがある者に対し，その侵害の停止または予防を請求できるという権利である（商12条2項，会8条2項）。

前述第2節1(1)のように商号は自由に選定できるため，ある商人・会社の商号と同一または類似の商号を使う者が現れると，元の商人・会社が築いた「信用」が奪われることになるからである。

ここにいう「不正の目的」とは，他人の名称または他人の商号を使用し，自己の営業（事業）その他の活動がその他人の営業（事業）であるかのように一般人を誤認させる積極的な意図のことをいう（知財高判平成19年6月13日判タ1294号163頁〔百選10事件〕）。侵害者は，営業上の名称または商号として利用する場合に限らず，営業上商品の同一性，営業の同一性を表示するものとして使用するものでよい上，営業と関係のないその他の活動でもよいと解されている。

商号専用権も，前述1の商号使用権と同様に未登記商号についても認められ，その侵害に対して不法行為（民709条）が成立する。

(2)　不正競争防止法上の商号専用権

【Case 3】
　Aは，建築家Dが経営する全国的に著名な「Dデザイン」という商号をまねて，「でざいんDオフィス」という商号を使おうと考えているが，そのような商号の使用には問題はないのだろうか。

商号の不正使用の排除について，商法・会社法が(1)で述べた規律を設けているほか，さらに不正競争防止法による商号の保護もある。

不正競争防止法は，需要者の間に広く認識されている（周知性のある）他人の商号と同一もしくは類似の商号を使用し，他人の商品や営業と混同を生じさせる行為があ

れば，商号の使用差止めを請求できると規定する（不正競争防止法2条1項1号・3条）。

「周知性」つまり「需要者の間に広く認識されている」商号であれば商号専用権が認められ，登記商号に限らず未登記商号も対象となる。「他人の商品や営業と混同を生じさせる行為」とは，現実に混同が生じていることまで必要とされず，混同を生じさせるおそれがあればよい。

さらに，「周知」（全国的に知られている必要はなく一地方において広く知られていれば足りる）よりも広く認識されている「著名」（全国的に知られているような周知性より高い知名度）商号の場合，他人の商品や営業と混同を生じさせる行為がなくとも商号の使用差止めを請求できる（不正競争防止法2条1項2号・3条）。【Case 3】については，全国的に著名な商号をまねているため，差止請求の対象になる可能性がある。

不正競争行為に対する差止請求には侵害者に故意や過失があることは要求されないが，損害賠償の請求についてはそれが要求される（不正競争防止法3条・4条）。

(3)　商法・会社法と不正競争防止法との関係

前述(1)(2)の商法・会社法上と不正競争防止法の商号使用権を比較すると，下記の表のようにまとめられる。

これをみると，商法・会社法では「不正の目的」の要件を必要とするが，不正競争防止法はそれを要求しない点が異なる。その分不正競争防止法の適用範囲が広いと考えられるため，商法・会社法が適用されるのは，おそらく商号に周知性・著名性（不正競争防止法2条1項1号2号）がない場合になるであろう。

	商法12条2項・会社法8条2項	不正競争防止法3条	
目　的	不正の目的をもって		
請求権者	その使用によって営業上の利益を侵害され，または侵害されるおそれがある商人または会社	不正競争によって営業上の利益を侵害され，または侵害されるおそれがある者	
相手方	その営業上の利益を侵害する者または侵害するおそれがある者	その営業上の利益を侵害する者または侵害するおそれがある者	
対　象	・他の商人または他の会社であると誤認されるおそれのある名称または商号の使用 ・未登記商号についても認められる	「周知性」のある他人の商号と同一若しくは類似の商号を使用	他人の商品や営業と混同を生じさせる行為がある場合
		「著名」な他人の商号と同一若しくは類似の商号を使用	
		・未登記商号についても認められる	

効　果	・その侵害の停止または予防の請求 ・損害賠償の請求（民709条）	・その侵害の停止または予防の請求 ・損害賠償の請求もある（不正競争防止法4条）

第5節　名板貸

1　名板貸とは

　信用のある商人・会社が自己の信用を他人に利用させるべく商号の利用を認めることがありうる。その場合，自己の商号を使用して営業または事業を行うことを他人に許諾した商人・会社（名板貸人）は，当該商人・会社が当該営業または事業を行うものと誤認して当該他人（名板借人）と取引をした者に対し，当該他人と連帯して，当該取引によって生じた債務を弁済する責任を負う（商14条，会9条）。名板借人は名板貸人の商号を使用して取引をしているから，名板借人と取引をした者は，名板貸人と取引したと信じる可能性がある。そのような取引相手を保護するために，禁反言ないし権利外観法理に基づき，名板貸人も取引から生じた債務を負わされるのである。

　名板貸人の責任が認められるためには，名板貸人による名義使用の許諾があることや，相手方が名板貸人を営業主と誤認したこと，が求められる。

2　名板貸人による名義使用の許諾

> 【Case 4】
> 　Eは，個人で電気製品の販売・修理を行う「よろづや」を営んでいたが，業績不振が続いたため廃業した。Eの下で働いていた使用人のFは，「よろづや」の看板をそのままに同じ店舗で食糧品店を経営した。Eはこのことを知っていた。E名義のゴム印と印章もあったので，Fはそれを使って取引先のGと取引していたが，Fの会計管理が不十分でGへの債務50万円の支払ができなくなった。GはEに対して当該債権の支払を請求できるだろうか。

　まず，名板貸人が名義（商号）使用を許諾しており，それを使用して名板借人が当該営業または事業をしていることが必要である。

　名板貸人は「商人」または「会社」でなければならない（商14条，会9条）。

　「名義の使用の許諾」は，明示のものであることは求められず，黙示のものでもよい。他人が自己の商号を勝手に利用している場合に，それを知りながら放置していれ

ば黙示の同意があると認められよう。この点，スーパーマーケットがテナントを出店
させている場合において，商号使用の許諾がなくとも一般の買い物客がテナントの営
業主体はスーパーマーケットと誤認するのもやむを得ないような外観が存在するとき
には，そのような外観を作出しまたはその作出に関与していたスーパーマーケットに
名板貸人の責任が認められている（最判平成7年11月30日民集49巻9号2972号〔百選
14事件〕）。営業廃止後に元使用人が同じ店舗で同じ商号を用い，そのまま残されてい
た看板やゴム印等を使用して別の種類の事業を行っていることを元商人が了知してい
た場合にも，黙示の許諾が認められている（最判昭和43年6月13日民集22巻6号1171
号〔百選13事件〕）。

　名義の使用許諾は，「営業または事業を行うこと」についてなされていなければな
らない。これについて，直接許諾された営業または事業以外で使用された場合につい
ても名板貸人は責任を負う（最判昭和55年7月15日判時982号144頁〔百選11事件〕）
が，単に手形行為についてのみ名義を貸した場合は名板貸人の責任は生じない（最判
昭和42年6月6日判時487号56頁）。

　また，名板借人と相手方との間における「取引によって生じた債務」である限り，
名板貸人は，不法行為に基づく損害賠償請求についても責任を負う。さらに，取込詐
欺のように取引行為の外形を有する不法行為に基づく損害賠償についても名板貸人の
責任が肯定される（最判昭和58年1月25日判時1072号144頁）が，交通事故等の取引
行為の外形を有しない不法行為に基づく損害賠償については，取引ではないし，名板
貸人の営業に対する誤認もないから，責任を負わないと解されている（最判昭和52年
12月23日民集31巻7号1570頁）。

　【Case 4】では，以上の要件を満たした場合に，GのEに対する債権の支払請求が
認められることになろう。

3　相手方の誤認

　さらに，名板貸人の責任が認められるには，取引の相手方が名板借人の営業・事業
を，名板貸人の営業・事業と誤認したことが必要である。そのためには，そう信ずる
ことが相当であるような外観が存在し，外観作出に対して名板貸人に帰責性があり，
相手方が外観を信じたことにつき悪意・重過失がないこと（最判昭和41年1月27日民
集20巻1号111頁〔百選12事件〕）が求められる。

第6節　商号の譲渡・廃止・変更

　商人の商号は，営業とともにする場合または営業を廃止する場合に限り，譲渡する

ことができる（商15条1項）。商号は相続の対象になる（商登30条3項参照）。商号の譲渡は，当事者間の契約で成立するが，登記をしなければ第三者に対抗することができない（同条2項）。

　登記商号について，商号を廃止や変更した場合には，その旨の登記をしなければならない（商10条，会909条）。ただし，商号登記の廃止や変更はえてして忘れがちである。そこで，登記商号の廃止・変更の登記がなされないときや，商号の登記をした者が正当な事由なく2年間当該商号を使用しなかったにもかかわらず当該商号の廃止の登記がなされないとき等一定の場合において，当該商号の登記に係る営業所（会社にあっては，本店）の所在場所において同一の商号を使用しようとする者は，登記所に対し，当該商号の登記の抹消を申請することができる（商登33条）。

第4章　営業（事業）のための
　　　仕組み3：商業帳簿

第1節　商業帳簿に関する規律

1　商業帳簿に関する規律の目的

(1)　商業帳簿の規律

　商法は，商人の商業帳簿の作成および保存，その作成のための基準，その商業帳簿につき裁判所の提出命令について，次の規律を設けている。また，会社も商人であるが，会社法は会社の会計帳簿，計算書類の作成および保存，その作成のための基準，その商業帳簿につき裁判所の提出命令について，次の規律を設けている。

	商　人		会　社	
帳簿の作成および保存	○会計帳簿	（商19条）	○会計帳簿	（会432条・615条）
	○貸借対照表	（商19条）	○計算書類	（会435条・617条）
作成基準	○	（商19条）	○	（会431条・614条）
裁判所の提出命令	○	（商19条）	○	（会434条・616条）

(2)　規律の理由

　商人・会社の営業活動・事業活動により，収入や支出により利益または損失が発生し，財産が変動する。これを記録するのが会計帳簿である。また，商人の貸借対照表や会社の計算書類は，会計帳簿から財産および損益を誘導して作成する。しかし，商人や会社の営業活動は自由であるのに，なぜ法は営業活動の結果を記録する商業帳簿の作成および保存を規律するのだろうか。

　商業帳簿の作成を法が求める理由として，第一に，この会計帳簿は，商人や会社の取引の証拠資料となる点があげられる。たとえば，商人との間で取引をめぐり，支払済みか否かを争うこととなった場合，商人の会計帳簿があればこの取引の内容を確認

することができ，解決の一助となる。

　第二に，貸借対照表は，債権者に対し，商人の支払能力を明らかにし，信用を得る手段となる点が挙げられる。もし，商人が自由に会計帳簿を作成したり，もしくは作成しなかったりすると，会計帳簿から誘導して作成する貸借対照表も信頼性が乏しくなり，商人の財政状態が適正に判明せず，債権者は商人の支払能力に疑問を持つこととなる。特に，有限責任社員しかいない会社では，出資者が会社の債務を負担せず，会社債権者にとっての一般担保は会社財産しかないため，債権者は取引をためらうようになる。

　第三に，会社などの共同経営体においては，貸借対照表により出資者に帰属する利益を明らかにすることができる点があげられる。これにより，株式会社では資本を欠くことなく，出資者に対して剰余金の配当をすることが可能となる。また，持分会社から退社する際の出資の払戻しなどの計算も可能となる。

　以上から法は商人に商業帳簿の作成を求めているが，商業帳簿の作成は，このほかの点からも必要である。たとえば，商業帳簿は商人の経営実態を明らかにし，前年や，他の商人の財政状態や経営成績と比較することにより，自ら経営改善に役立てることができる。また，商人が得た利益には所得税や法人税などが課税されるが，会計帳簿はその課税対象となる所得の算出に必要となる。

2　企業形態による規制内容

　商法は，商人に商業帳簿として会計帳簿と貸借対照表の作成を求める。しかし，小商人は除かれる（商7条，**第1編第2章第2節3**）。また，商人には，商業帳簿不作成や虚偽記載に対しての罰則はない。ただし，破産手続開始決定等により，時期を問わず，債権者を害する目的で商業帳簿を隠滅，偽造，変造すると処罰される（破270条）。

　これに対し，会社法は，会社計算規則に従い，適時に正確な会計帳簿を作成することを会社に義務づけている（会432条1項・615条1項）。そして，計算書類として貸借対照表，損益計算書，社員資本等変動計算書（株式会社では株主資本等変動計算書），計算書類の附属明細書について，会社計算規則に従い作成を段階的に義務づけており，また，義務がない会社が任意に作成するときでも，会社計算規則に従わなければならない。

　まず，合名会社と合資会社に対しては，計算書類のうち貸借対照表の作成および保存を義務づけている（会617条）。これらの会社は，損益計算書と社員資本等変動計算書，個別注記表の作成は，会社法上任意とされているが，任意に作成したときは，保存する義務もある。社員はこれらの閲覧および謄写を請求することができる（会618

条）。次に，合同会社では，貸借対照表，損益計算書，社員資本等変動計算書，個別注記表の作成および保存が義務づけられている。社員に加え，会社債権者に対しても計算書類の閲覧および謄写の請求権を認めている（会625条）。また，株式会社では，貸借対照表，損益計算書，株主資本等変動計算書，個別注記表，附属明細書の作成および保存が義務づけられている（会435条）。株主および債権者は閲覧および謄写の請求権を有し，また，権利を行使するために必要として裁判所の許可を得た親会社株主（親会社が持分会社の場合には社員）も閲覧および謄写を請求することができる（会442条）。なお，企業集団として事業活動を行う株式会社は多いが，一定の要件を満たす場合には，企業集団としての財政状態・経営成績を明らかにするために，連結計算書類として連結貸借対照表，連結損益計算書，およびその附属明細書の作成が求められ（会444条），これらの作成についても会社計算規則に従うこととなる。このように，会社の種類により段階的な規制としているのは，合名会社と合資会社では無限責任社員がおり，会社の資本欠損を担保しているのに対し，合同会社と株式会社は有限責任社員のみであり社員・株主と会社債権者の保護の両立を図らなければならないためである。

　また，株式会社では，貸借対照表またはその要旨，加えて，大会社である株式会社では損益計算書またはその要旨の公告が求められている（会440条）。ただし，有価証券報告書提出会社では，すでにEDINETにより開示されているので，公告を要しない。

第2節　商業帳簿の内容

1　会計帳簿と貸借対照表

　商法が商人に作成するのを求めている商業帳簿は，会計帳簿と貸借対照表である。

(1)　会計帳簿

　会計帳簿とは，商人に発生した会計上の事実を認識して継続的・組織的に記録する帳簿である。営業活動による売買取引や賃貸借取引にとどまらず，すべての取引，さらには，資産の減損や，不法行為による債務負担なども会計取引として記録される。
　この記録は，一般に複式簿記によって行われる。たとえば，100円の商品を後払いで販売すると，まず，販売時点では，売掛金100円の増加と売上高100円の増加を認識し，帳簿に記載する。この後払代金を現金で受け取った時点で，現金100円の増加と売掛金100円の減少を認識し，帳簿に記載する。このように，1会計取引に対し，2勘定科目を用いて借方と貸方に記録する仕組みを複式簿記という。1取引での借方合

計と貸方合計は必ず一致する。したがって，もし取引先から後払代金を受け取ったに
もかかわらず，この取引を認識しなければ，帳簿上の現金と，手許の現金が一致せず，
落ち度にすぐに気がつく仕組みである。

しかし，何をもって会計帳簿というかは定めがない。少なくとも，仕訳帳，総勘定
元帳は会計帳簿に該当する。

⑵ 貸借対照表

貸借対照表は，会計期間の末日もしくは特に定めた「一定の日」の商人または会社
の財政状態を示す商業帳簿である。財産を棚卸して作成する財産目録と異なり，貸借
対照表は会計帳簿から資産科目および負債科目・資本科目を誘導して作成する。また，
貸借対照表に記載される資産や負債とは，財産や債務とは異なる。たとえば，会計期
間を超えて，将来の前払家賃を現金で支払った場合，その支払に伴って現金という財
産は減少するが，その支出の効果が，当会計期間のみではなく，翌会計期間にもわた
ることから，その翌会計期間以降に効果が生じる部分を前払家賃という資産として認
識する。また，繰延税金資産や繰延税金負債は，将来受け取る，もしくは将来支払う
税金というものではなく，税効果会計上，翌会計期間以降に課税上益金や損金となる
ものを基礎に実効税率により計算しているにすぎない。

2 損益計算書

損益計算書とは，1会計期間の経営成績を明らかにする商業帳簿である。これも会
計帳簿から誘導して作成する。営業損益の部において売上高から売上原価を控除し売
上総利益を計算し，これから販売費および一般管理費を控除して営業利益を計算する。
営業利益とは，企業の目的とする営業活動により生み出された利益を示している。こ
れに受取利息や支払利息などの営業外損益を加えて，経常損益の部として経常利益を
計算する。経常利益とは，企業としての営業活動により生み出された利益である。こ
れに固定資産売却益などの特別損益の部を加えて，税引前当期利益を計算する。これ
に法人税，住民税および事業税と，法人税等調整額を加えて，当期純利益を計算する。

3 株主資本等（社員資本等）変動計算書

株主資本等変動計算書（持分会社では社員資本等変動計算書）は，会計期間中の株
主資本等の変動を明らかにする商業帳簿である。前会計期間末の貸借対照表と，当会
計期間末の貸借対照表を結びつける役割も担っている。たとえば，資本金，法定準備
金，その他資本剰余金，その他利益剰余金の増減，剰余金の配当などが記載される。

4　商業帳簿に当たらない書類

　商業帳簿に該当すると法律上の効果が発生することから，何が商業帳簿に該当するかは限定的に解釈すべきである。したがって，商人が作成する帳簿であっても，商業帳簿に当たらない書類は多い。

　たとえば，株式会社には，会社の現況や将来の課題を明らかにするため事業報告とその附属明細書の作成義務があるが，会社の財政状態や損益の状況に関するものではないため，商業帳簿には当たらない。

第3節　商業帳簿の作成基準

1　公正妥当と認められる会計慣行

　商法は商人の会計について，一般に公正妥当と認められる会計の慣行に従うものとする（商19条1項）と定めている。会社法は株式会社の会計について，一般に公正妥当と認められる企業会計の慣行に従うものとする（会431条）としており，同様の規律が置かれている。

　この「公正妥当と認められる会計の慣行」とは何か。企業会計原則（昭和24年経済安定本部企業会計制度対策調査会中間報告，企業会計審議会）はその1つである。また，財務会計基準機構の企業会計基準委員会が設定する会計基準もある。さらに，国際財務報告基準もある。このほかにも，商人の財政状態や損益の状況を正しく示すために，広く一般的に使われている会計基準であれば，それを法は許容すると考えるべきであろう。また，会計基準が想定していない事象や取引，企業活動の新たな展開により，会計基準に従うことがかえって企業の財産や収益の状況を適正に表示しない結果となる場合には，会計基準以外の慣行に従うことも妨げないと解されている。

(1)　企業会計原則
　企業会計の実務において慣習として発達したものの中から，一般に公正妥当と認められたところを要約したものであり，法令ではないものの，すべての企業が会計を処理するにあたって従わなければならない基準とされる。

　一般原則として，①真実性の原則，②正規の簿記の原則，③資本・利益区別の原則，④明瞭性の原則，⑤継続性の原則，⑥保守主義の原則，⑦単一性の原則が挙げられている。また，正規の簿記の原則に関連し，利害関係者の判断を誤らせることのない重要性の乏しいものについては，簡便な方法によることを認める重要性の原則も注解と

して挙げられている。

なお，会計の表示については，商法施行規則，会社計算規則に細則が置かれている。

(2)　企業会計基準委員会による会計基準

2001年に財務会計基準機構が設立され，企業会計基準委員会により企業会計基準の整備を行っており，企業会計基準，企業会計基準適用指針，実務対応報告を公表している。これらは，企業会計基準に対する詳細規定，解釈規定，あるいは補足，補完規定と位置づけられており，一般に公正妥当と認められる企業会計の基準となっている。

(3)　国際会計基準

企業のグローバル化などから，国際会計基準審議会（IASB）が世界共通の会計基準として設定した会計基準を国際財務報告基準（IFRS）という。もっともEU域内上場企業には適用されているが，日本では全面適用に至っていない。

IFRSの特色のひとつとして，M&Aの際に発生する「のれん代」の処理につき，期間配分をせず，減損した際に損失処理する点で，日本の会計基準と異なる点が挙げられる。

コラム

公正な会計慣行が変更される際の問題

公正な会計慣行が変更された場合に，従来，認められていた会計基準を適用した結果，決算が有価証券報告書に虚偽の記載をしたとして，銀行の代表取締役頭取らが虚偽有価証券報告書提出罪，違法配当罪に問われた事件がある（最判平成20年7月18日刑集62巻7号2101頁〔百選21事件〕）。

この事件では，貸付先への金融支援につき，従来，法人税基本通達に基づく損金算入を認める税法基準を適用していたところ，当時の大蔵省銀行局から新たな資産査定通達が発出されたが，この銀行はなお税法基準を適用したものであった。

裁判所は，従来の税法基準の考え方による処理を排除して，厳格に改正後の決算経理基準に従うべきことが必ずしも明確ではなかったとし，過渡的な状況であったといえ，これまで「公正なる会計慣行」として行われていた税法基準の考え方によって資産査定を行ったことが，資産査定通達が示す方向性から逸脱するものであったとしても，直ちに違法であったということはできない，として無罪とした。

この判決は，税法基準，当時の大蔵省の行政通達が指示する会計処理も，公正な会計慣行に該当することを前提とし，公正な会計慣行が変更される際，以前適

用が認められていた会計慣行が，明確に排除されない限り，過渡期においてはいずれも公正な会計慣行と扱われるとの理解を示している。

2　会計基準の概要

(1)　資産の評価原則

　資産の評価には，取得原価主義と，時価主義がある。取得原価主義とは，資産を取得原価により評価するものである。実際の支出金額により評価することから，客観的であり信頼性がある。しかし，取得後の資産価値の変動により，含み益，含み損が生じ，貸借対照表が実態と乖離することとなりかねないという問題がある。これに対し，時価主義とは，資産を時価により評価するものである。評価時点での資産を適正に表示することとなる。しかし，未実現損益を含むこととなることから，未実現利益を剰余金の分配に充てるという危険がある。このため時価主義では，未実現利益を剰余金の分配の原資としないこととする必要がある。

　また，取得原価主義のもとで，低価法とは，取得原価と時価のいずれか低い価額を資産の評価額とする方法である。

(2)　費用収益対応原則

　会計期間に発生した費用のうち，会計期間に発生した収益に貢献した部分をその会計期間の期間費用とする原則である。期間費用を努力，期間収益を成果，期間損益を結果とすると，努力と成果が対応することにより，その会計期間の損益を結果として計算することができる。

　もっとも，費用収益対応原則が適応する範囲はさほど広くない。会計期間を超えて，収益に貢献する費用の配分などである。

第4節　商業帳簿の法律上の効果

1　裁判所による提出命令

(1)　概　要

　商人の商業帳簿，会社の会計帳簿については，裁判所は申立てにより，または職権で訴訟の当事者に対し全部または一部の提出を命ずることができる（商19条4項，会434条）。これらは営業上，事業上の取引を記録し，重要な証拠資料となるためである。しかし，これらに法定の証拠力があるものではない。もっとも，この命令を受けても，

当事者が提出しなかった場合は，裁判所は記載に関する相手方の主張を真実と認めることができる（民訴224条1項）。

(2) 提出命令の範囲

商人の商業帳簿，会社の会計帳簿が提出命令の対象となる。もっとも，具体的にどの帳簿が，商業帳簿・会計帳簿に該当するのか規定がないため，提出命令の対象範囲については，当事者間の争いの対象となる。

たとえば，商法・会社法以外の法令に基づき作成された帳簿について，会計帳簿該当性を否定した裁判例がある（東京高決昭和54年2月15日下民30巻1＝4号24頁〔百選22事件〕）。有価証券取引が繁盛であると誤解させるため仮装売買した者に対する損害賠償請求事件に関して，証券取引法（現金融商品取引法）に違反する行為の立証のため，証券会社が作成保有する「有価証券売買日記帳」などの文書提出命令を求めたところ，裁判所は，商法がいう商業帳簿は商人が商法上の義務として作成したものをいい，他の法令上の義務として作成されたものは該当しないとし，「有価証券売買日記帳」などは会計帳簿にあたるものの，これらの帳簿は証券取引法や大蔵省令に基づいて作成されたものであるとして，商法の提出命令の対象となる商業帳簿ではない，と判示した。

2　会計帳簿閲覧請求権

(1) 概　要

株式会社では，事業報告，計算書類，その附属明細書を会計帳簿から誘導して作成するが，株主がより詳細な会計取引を調査するために，少数株主権として会計帳簿閲覧請求権が認められている。会計帳簿閲覧請求権を有する株主は，総株主の議決権の100分の3以上，もしくは発行済株式の100分の3以上を有する株主（いずれも定款で引き下げることができる）であり，会社の営業時間中に請求の理由を明らかにして，会計帳簿または会計に関する資料の閲覧もしくは謄写を請求することができる（会433条1項）。また，権利を行使するために必要がある親会社の株主等は，裁判所の許可を得て閲覧または謄写を請求することができる（同条3項）。この請求の理由は具体的に記載されなければならないが，請求者はその理由を基礎づける事実が客観的に存在することについての立証を要するわけではない（最判平成16年7月1日民集58巻5号1214頁〔会社百選77事件〕）。

(2) 会計帳簿閲覧請求権の対象範囲

会計帳簿閲覧請求権の対象範囲についても明確な規定がなく，限定説と非限定説が

対立している。限定説は契約書や信書等は会計帳簿作成の記録材料として用いられない限り含まれないと解するのに対し，非限定説は会計に関する帳簿・書類を調査するために必要と認められる限り直接会計に関する書類である必要はないとする。

　従来の裁判例は，法人税確定申告書，契約書綴などは会計帳簿閲覧請求権の対象とは認められないとしている（横浜地判平成3年4月19日判時1397号114頁〔会社百選A30事件〕）。

(3)　閲覧・謄写の拒絶

　会計帳簿は会社の会計取引をすべて記録したものであるから，その閲覧を認めることは，企業秘密を開示することに等しい。このため，開示により会社の利益が失われ，または損失が生じ，これにより他の株主を害することがありうる。そこで，請求者の目的，会社と請求者との間の実質的競争関係の存在等により，会社に閲覧・謄写の拒絶を認めている（会433条2項）。この請求拒絶事由は制限的に列挙されたものであり，会社は株主がいずれかの事由に該当するのを立証しない限り，拒絶することができない。この事由のうち，請求者の目的については主観的意図を要件としているが，会社と請求者との間の実質的競争関係の存在については株主の主観的意図を要件としておらず，また，株主がそのような意図を有していなかったとしても競業関係が存在する以上，閲覧・謄写により得られた情報が将来において競業に利用される危険性は否定できないことから，請求者との競業という客観的事実が認められれば，株主の具体的意図を問わずに閲覧請求を拒絶できるとすることにより会社に損害が及ぶ抽象的な危険を未然に防止する趣旨と解されている（最判平成21年1月15日民集63巻1号1頁〔会社百選78事件〕）。

第5章　営業(事業)を支える人々1：商業使用人

第1節　商業使用人の意義

　企業はさまざまな取引活動をなしているが，取引の規模が大きくなれば，企業活動を補助する者が必要とされる場合がある。そうした補助者につき，企業内部の補助者として商業使用人が，企業外部の補助者として代理商・取次・仲立がある（本編**第6章**参照）。

　商業使用人（会社の使用人）とは，特定の商人（会社）に従属し，その指揮命令に服して商人の営業活動を補助する者であり，商人から営業上の代理権が付与されている者をいう（そのため，技師や現金出納係のような対外的な取引に係る代理権を有さない使用人は，商業使用人に該当しないと解されている）。

　商人と商業使用人とは通常，雇用関係（民法・労働法に基づく）に立つとされる。そのため，商人と商業使用人との間に雇用関係がないものの委任関係に立つ場合（家族，友人等に営業活動をさせていた）には，必要に応じて商業使用人の規定を類推適用することができると解されている。

　商法・会社法では，商業使用人（会社の使用人）として，支配人，表見支配人，ある種類または特定の事項の委任を受けた使用人，物品の販売等を目的とする店舗の使用人について規制しているので，本章ではこれらについて説明する。

第2節　支配人

1　支配人とは何か

　企業が営業活動をなす場合，主たる事業所（本社）以外の地域に営業所（支店や支社等）を置き，その営業所の主任者を選任しつつ，営業を行わせることがある。そうした商人・会社から営業所の営業を委ねられた商業使用人として支配人がある（商20

条，会10条（会社法では「本店または支店」と規定する））。

　支配人は通常，支店長や支社長等の肩書をもって称されるが，ある使用人が支配人であるかどうかは，その名称ではなく，営業に係る包括的な代理権が付与されているか否かという実質によって決まるという。したがって，代理権のない者は，支配人とよばれていても，その者は商法（会社法）上の支配人とはならない。しかし，営業所の営業の主任者であるかのような名称を付された使用人の行為についても，表見支配人として商人・会社に責任が負わされることはある。

　なお，営業所における強大な包括的代理権を有する支配人制度は，沿革的には通信・交通手段の乏しかった時代に自ら全領域で活動を行うことができなかった商人・会社により利用されてきたものであるが，通信・交通手段が高度に発展し，また会社内における組織の階層化・精緻化等が進展している今日，独立性の高い営業所の存在を前提に包括的な代理権が授与される支配人制度の意義は，相対的に低下している。

2　支配人の選任・解任等

　支配人は，商人・会社から代理権を与えられる者であるため，商人・会社が選任・解任をなす。このうち会社については，①株式会社のうち取締役会設置会社では取締役会の決議（会362条4項3号。非取締役会設置会社では，取締役が1名の場合には当該取締役により，取締役が2名以上いる場合にはそのうちの過半数の決定により選任される（会348条2項3項を参照））により，②合名会社・合資会社・合同会社（持分会社）では，出資者である社員の過半数の決定（会591条2項）により，それぞれ支配人が選任・解任される。

　支配人は，営業の主任者として取引に大きな影響を与えるため，選任の事実を一般に知らせる必要がある。そのため，選任者たる商人・会社は，営業所の所在地において支配人の選任の事実を登記することが要求されている（商22条，会918条）。商人の支配人の選任登記については，支配人登記簿に行わなくてはならない（会社については，会社登記簿に記載する）。

　また，支配人の退任は，①支配人の死亡・破産手続開始の決定や後見開始の審判を受けたこと（民653条・111条1項2号），②解任のほか解除・辞任，③営業の廃止・解散・破産，④雇用関係の終了による。ただし，支配人の代理権は商行為の委任に基づくものであることから，営業主の死亡は支配人の代理権の消滅事由とはならない（商506条）。

　なお，支配人の権限に関連し，支配人は，自己の担当する営業所における部長・課長その他の使用人の選任・解任を行うことができる（商21条2項，会11条2項）。

3 支配人の代理権

(1) 代理権に係る営業の範囲

商法21条1項（会11条1項）によれば，支配人は，商人・会社に代わってその営業に関する一切の裁判上および裁判外の行為を行う包括的な代理権を有するとされる。

「営業」とは，必ずしも商人の一切の営業ではなく，異なる商号により複数の営業を行う場合には，特定の営業に限定することができ，また，それら複数の営業について1人の支配人（総支配人）に包括的な代理権を与えることもできる（こうした行為について会社は制限される）。商人が1つの営業について数個の営業所を有するときは，支配人の代理権は特定の営業所に関するものに限定される。

(2) 裁判上・裁判外の行為

「裁判上の行為」とは，訴訟行為を意味する。したがって，支配人はいずれの審級の裁判所（地裁，高裁，最高裁等）においても商人・会社の営業に関して訴訟代理人（民訴54条）となり，また，訴訟代理人（弁護士等）を選任することもできる。

次に「裁判外の行為」とは，裁判以外の行為，つまり一般の私法上の適法行為を意味する。したがって，裁判外の行為には，営業活動に関する行為だけでなく営業のために必要な行為（人員の募集，手形・小切手の振り出し等）等が含まれる。なお，判例は，営業に関する行為については，その行為の性質や種類等を勘案して客観的・抽象的に観察して決すべきものとする（最判昭和54年5月1日判時931号112頁〔百選25事件〕）。

(3) 画一的な支配人の代理権

支配人は，商人・会社の営業に関して包括的な代理権を有している。この権限につき，たとえ商人・会社が制限を加えた（取引の種類や金額，地域，相手方等について）としても，その制限を知らない善意の第三者には対抗できない（商21条3項，会11条3項）。したがって，支配人の権限外の行為につき商人・会社は第三者に責任を負うことになる。

ただし，第三者が支配人の権限が制限されていることを知っていた悪意の場合には，商人・会社は免責される。また，四囲の状況から悪意と同視できる重過失のある第三者も保護の対象にならないと解されている。

4　支配人の義務

(1)　義務の内容

　支配人は，商人・会社に信頼されてその地位に就いた者であることから，その信頼を裏切ることはもとより，信頼を減少させる可能性のある行為をしてはならない。したがって，善管注意義務（民644条）や事務処理の状況・結果を報告する義務（民645条），労務に服する義務（民623条）等を負う。

　このほか，支配人は，商人・会社の許諾を得ることなしに，①商人・会社以外の営業を行うこと（自ら何らかの営業を行う），②自己もしくは第三者のために商人・会社の営業の部類に属する取引を行うこと（競業取引），③他の商人・会社の使用人になること，④他の株式会社の取締役や執行役，持分会社の業務執行社員に就くこと，などが規制される（商23条1項各号，会12条1項各号）。支配人は商人・会社の機密に通じていることから，こうした広範囲の精力分散防止義務が課されているのである。

　なお，②の競業取引は，商人・会社の営業と同種または類似の商品等の取引であり，商人・会社と取引先が競合し，商人・会社と支配人との利益衝突が生じる可能性のある取引である。

(2)　義務違反の効果

　支配人が，商人・会社の許諾を得ることなく上記のような規制（義務）に違反した場合，取引の安全の見地から取引自体は有効とされるが，商人・会社は義務違反を理由に支配人の解任や損害賠償を請求できる。

　特に，②の競業取引（競業避止義務違反）によって支配人や第三者が得た利益の額については，商人・会社に生じた損害額と推定される（商23条2項，会12条2項）。支配人が商人・会社との競業取引を行う場合，商人・会社の利益が害される危険性が大きいが，競業取引と相当因果関係の損害について商人・会社側が証明することは困難である。そこで，商法・会社法では，競業取引によって支配人または第三者が得た利益の額を商人・会社の損害額と推定することにより，損害賠償責任を追及する商人・会社の証明の負担を軽減したわけである。商法23条および会社法12条は，競業取引によって利益を得た支配人等にその利益の吐き出しを要求しているといえる。

第3節　表見支配人

1　制度の趣旨

　商法・会社法では，本店または支店等の営業所の主任者であるかのような名称（支店長，支社長等）が付された使用人が，たとえ営業所における実質的な支配権が付与されている支配人として選任されていなくても，その営業所の営業に関わる一切の裁判外の権限を有するものとみなされ，その使用人の権限外の行為につき商人・会社の責任を認めている（商24条，会13条）。これが表見支配人の制度である。

　この制度の趣旨は，外観信頼保護法理ないしは禁反言の法理に基づき，法律上の支配人でない者と取引した相手方（支店長等の肩書を信頼して取引した善意の第三者）を保護しようとするもので，企業取引の迅速性・簡易性の見地から認められたものとされる。ただし，第三者が悪意の場合には，商人・会社は免責される（商24条（会13条）ただし書を参照）。ここにいう悪意とは，支店長等の肩書を有する者が支配人でないことを知っていた場合をいうと解されている（多数説）。また，表見責任に関わる規定の趣旨から，名板貸制度の場合と同様に，重過失ある相手方も悪意と同じように取り扱われるべきと解されている。

　なお，営業所の主任者であるかのような名称の付された使用人が表見支配人と認められる（支配人と同一の一切の裁判外の行為をなす権限を有するものとみなされる）ためには，以下の要件を満たす必要がある。

2　表見支配人の認定要件

(1)　営業の主任者としての名称

　営業の主任者としての名称に当たるかどうかは，営業所の営業の主任者たる名称（肩書）が付与されているかが重視される。こうした名称には，支店長，支社長，営業本部長，店長等が該当する。しかし，支店次長，支店長代理，支店庶務係長等は，上席者がいることが外観上明らかであることから，営業の主任者たる名称にはならないとされる。

　このほか，表見支配人の規定が適用されるためには，営業主がそのような名称を使用人に付与したことが必要である。使用人が営業の主任者たる名称を用いていることを知りながら，商人・会社がそれを黙認している場合も，商人・会社による黙示の名称付与があったものとみなされる。

(2)　営業所の実質を備えている

　表見支配人の成立要件として，当該使用人の所属する営業所（商24条。会13条では「本店・支店」）が，「営業所としての実質」（主たる営業所から離れて一定の範囲で独自に事業活動ができる組織）を備えている必要があると解するのが，判例・多数説の立場とされる。この点，過去の判例には，生命保険相互会社の大阪中央支社につき，同支社の業務内容が新規保険契約の募集と第一回保険料徴収の取次だけであることから（保険契約締結等の業務ができない），営業所としての実質を有していないとし，同支社の支社長は表見支配人に該当しないとしたものがある（最判昭和37年5月1日民集16巻5号1031頁〔百選23事件〕）。しかし，「支社」の名称でありながら表見支配人規定の適用の有無が争われたのは，現実には生命保険会社のみであり（上記判決当時の生命保険会社の支社が定型化された募集機関にすぎないという実情が周知の事実であったため），判例は，銀行や信用金庫等の支店長については，表見支配人性を肯定する傾向にあるという（前掲最判昭和54年5月1日等参照）。

　上記の判例・多数説の立場に対しては，営業所の実質の調査は容易ではなく，取引の安全を害する可能性があることから，営業所の外観ないし表示を信頼した相手方を保護すべきであると主張する見解もある。

　このほか，営業所の実質を備えていなくても，本店または支店として登記されていれば，その効果（商9条2項，会908条2項）として，その本店や支店の主任者は表見支配人になるとした判例がある（最判昭和43年10月17日民集22巻10号2204頁）。

(3)　相手方が善意であること

　表見支配人の規定が適用されるためには，相手方が善意であることが要求される。反対に悪意の場合，すなわち，支店長等の肩書を有する者が支配人でないことを知っていた場合には，適用されない。また，表見責任に関わる規定の趣旨から，名板貸制度の場合と同様に，重過失ある相手方も悪意と同じように取り扱われるべきと解されている。相手方の悪意・重過失の立証責任は商人・会社側にある。

　悪意の有無は，取引の時を基準として判断される（最判昭和33年5月20日民集12巻7号1042頁）。また，悪意かどうかを判断する際の相手方は，その取引の直接の相手方に限られることから，たとえば，手形行為における手形の譲受人は含まれないと解されている（ただし，最判昭和59年3月29日判時1135号125頁〔百選24事件〕は，手形行為については手形上の記載によって形式的に判断されるものではなく，実質的な取引の相手方をいうと解する）。

第4節　その他の使用人

1　ある種類または特定の事項の委任を受けた使用人

　商人や会社によっては，支配人のように包括的な代理権は与えられていないものの，営業に関わるある種類または特定の事項（販売，購入，貸付，出納等）について代理権が与えられた使用人（一般的には，部長や課長，係長等がこれに該当すると解されている）が置かれることがある。こうした使用人は，商人・会社から委任を受けたある種類または特定の事項に関し，一切の裁判外の行為をする代理権を有する（商25条1項，会14条1項）。この代理権に制限を加えても，そのことを知らない善意の第三者に対し商人・会社は対抗することができない（商25条2項，会14条2項）。判例は，第三者に重過失がないことも要求する（最判平成2年2月22日集民159号169頁〔百選26事件〕）。

　なお，ある種類・特定の事項を担当する使用人に該当するためには，当該事項について法律行為をすることの委任があったことが必要であり，契約の勧誘や条件の交渉等の事実行為の委任を受けただけでは足りないと解されてきた。しかし，近時，売買契約を締結する権限を有していなかった商社の係長が取引先と結んだ売買契約について，当該係長がある種類・特定の事項を委任された者であることを，代理権限が与えられていたと主張する者（取引の相手方）が主張・立証しなければならないが，代理権を授与されていることまでを主張・立証することは要さないとした判例（前掲最判平成2年2月22日）がある。この判例（最高裁は，ある使用人に事実行為に関わる権限が委任されていれば，法律行為に関わる代理権が付与されたものとみなすとの見解を示したものと解されている）をめぐっては，学説から反対する立場もあり，その賛否をめぐり現在でも議論がなされている。

　そのほか，ある種類・特定の事項を担当する使用人については，支配人とは異なり営業禁止・競業避止義務が規定されていないが，その類推適用の必要性が説かれている（使用人については，労働契約上の付随的義務である誠実義務の一環として競業避止義務等が課される）。

　また，部長・課長等の肩書を信頼した取引の相手方の保護のためには，民法の表見代理に関する規定では不十分であり，表見支配人に係る規定を類推すべきとする見解もある（表見部長等）。

2　物品の販売等を目的とする店舗の使用人

　物品の販売・賃貸その他これに類する行為を目的とする店舗の使用人は，その店舗内に存する物品を販売する権限を有するものとみなされる（商26条，会15条）。この規定の趣旨は，取引の安全を図るため（店舗に置かれている物品については，その店舗に配された使用人に販売等の権限があると考えるのが通常とされるため），販売店舗の使用人の代理権が擬制されたものである。したがって，販売店舗の使用人が販売に係る権限を有していないことを知っていた悪意（ないしは重過失）の相手方については，上述のような擬制が機能せず，保護の対象とならない。

　なお，商法26条（会15条）は，その店舗にある物品の現実の販売等に関して適用がなされ，売買契約はその店舗内において行われる必要があることから，その店舗内に存在しない物品または店舗外で行われる売買契約については適用されない（福岡高判昭和25年3月20日下民1巻3号371頁）。

第5節　会社の使用人と取締役との相違

　会社の使用人のうち支配人については，株式会社の取締役や代表取締役と比較されることがある。両者が類似する点として，代表取締役との関係では，当該取締役は，会社の業務に関する一切の裁判上・裁判外の権限を有し，この権限につきたとえ会社が制限を加えたとしても，その制限を知らない善意の第三者には対抗できない（会349条4項5項）ということが挙げられる。このほか，代表取締役は登記事項（会911条3項14号）であることや，表見支配人のように表見代表取締役制度（354条）が存する点も類似する。

　両者が異なる点としては，取締役は会社と委任の関係に立つが（会330条），使用人は会社と雇用の関係に立つこと，支配人と同様に取締役についても競業避止義務が課されるが，支配人は自ら営業をなすことも禁止されることから，取締役の義務は支配人の義務よりも緩い。なお，代表取締役や取締役に対する規制については，指名委員会等設置会社における代表執行役や執行役（会420条3項・421条）や，持分会社の代表社員や業務執行社員にも課される（会593条以下）。

　近時，大規模な会社の中には執行役員制度を導入するところがある。執行役員は「役員」という名称ではあるものの，会社法上の株式会社の機関とは異なり（執行役員は実務上，各会社が独自に導入した制度である），会社から包括的な業務執行に係る意思決定権限や代理権が与えられた重要な使用人と解されている。したがって，執行役員についても，支配人やある種類または特定の事項の委任を受けた使用人に該当

する場合があるといえる。

第6章　営業(事業)を支える人々2：補助商

第1節　はじめに

　ここでは，営業（事業）を支える人々として，代理商，仲立営業，問屋営業につき取り扱う。商人がビジネスを行う際，自分自身の人的組織（商業使用人）を活用するのみならず，外部者の力を借りることがある。本章は，それらの場合をまとめて取り扱うことにしている。「外部者の力を借りる」場合，商人と外部者との関係が問題となる。1つの場合として，商人と外部者との関係が継続的で，外部者といっても，もっぱらその商人との間で取引を行うという関係が考えられる。商法は，そのような場合の1つとして，代理商につき規定する。このほかに，商法が規定しないものとして，特約店，フランチャイズ契約といった業態があるので，本章で関連して解説する。

　もう1つは，本人と外部者との関係が一時的なもので，当該外部者が，不特定多数の者との間で，サポートをビジネスとして行っている場合が考えられる。仲立営業や問屋営業は，そのような場合の一例である。

第2節　代理商

1　意　義

(1)　代理商の意義

　本人（商人・会社）のためにその平常の営業の部類に属する取引の代理または媒介をする者で，本人の使用人でないものを代理商という（商27条以下，会16条以下）。代理商は，特定の本人を平常（日常的にという意味）補助する者であるが，その者の使用人ではなく，あくまでも外部の独立した商人である。

(2)　代理商の種類

代理商には，締約代理商と媒介代理商がある。前者は，取引の代理をする者であり，代理権を有している。後者は，本人と相手方との間に取引が成立するように尽力する者であり，あくまでも事実行為を行うにすぎず，代理権を有していない。

代理商の具体例としては，損害保険代理店，海運代理店，航空運送代理店，旅行業代理業者等を挙げることができる。

(3)　代理店・特約店

販売業者の中には，独立した商人でありながら，特定のメーカーの系列に属し，特定のメーカーの商品をもっぱら取り扱う代理店・特約店という業態がある。これは，名称は似ているが，代理商とは異なり，後記のフランチャイズ契約に類似する。そこで，フランチャイズ契約について述べるのとあわせ，第5節で後述する。

2　代理商と本人の関係

(1)　委任・準委任の関係

代理商と本人の関係は，締約代理商の場合は委任契約，媒介代理商の場合は，準委任契約となる。

(2)　通知義務

代理商は，取引の代理または媒介をしたときは，遅滞なく，本人に対して，その旨の通知を発しなければならない（商27条，会16条）。迅速性の要請に基づき，商法は，委任に関する通知義務（民645条）の特則を設けている。

(3)　競業禁止義務

代理商には，競業禁止義務が課されている。すなわち，代理商は，本人（商人・会社）の許可を受けなければ，①自己または第三者のためにその商人の営業の部類に属する取引，②本人の営業と同種の事業を行う会社の取締役，執行役または業務を執行する社員となること，をしてはならない（商28条1項，会17条1項）。趣旨は，支配人の競業禁止義務の場合（商23条，会12条）と同様であるが，支配人と異なり，営業禁止義務までは課されていない。代理商は，支配人と異なり，独立した商人であるからである。

なお，①の違反行為につき損害推定規定が置かれている（商28条2項，会17条2項）。

(4)　代理商の留置権

　代理商は，取引の代理または媒介をしたことによって生じた債権の弁済期が到来しているときは，その弁済を受けるまでは，本人のために当該代理商が占有する物または有価証券を留置することができる（商31条本文，会20条）。これを代理商の留置権という。任意規定なので，当事者間の特約で排除可能である（商31条ただし書，会20条ただし書）。他の留置権との比較については，**第3編第3章**を参照されたい。

3　代理商と第三者との関係

　締約代理商は，その性質上，契約締結の代理権を有する。代理権の内容は，本人・代理商間の契約による。媒介代理商は，代理権を有しない。媒介代理商がどのような権限を有するかも，本人・代理商間の契約次第である。ただ，これでは，代理商と取引をする第三者の地位が不安定となる。そこで，商法は，物品の販売またはその媒介の委託を受けた代理商は，通知その他売買に関する通知を受ける権限を有するものと擬制することにした（商29条，会18条）。

4　代理商関係の終了

　民法上，委任契約はいつでも解除することができるとされているが（民651条1項），継続的契約である代理商契約については，それをそのまま認めると代理商の保護に欠けることになる。そこで，商法および会社法では契約期間を定めた時はそれに拘束され，契約期間を定めなかった時には，2か月前までに予告し，その契約を解除することができるものとした（商30条1項，会19条1項）。ただ，やむを得ない事由があるときは，契約期間の有無にかかわらず，商人および代理商は，いつでもその契約を解除することができる（商30条2項，会19条2項）。

第3節　仲立営業

1　仲立人の意義

　仲立人とは，他人間の商行為の媒介をすることを業とする者をいう（商543条）。後記3(4)の民事仲立人と区別するため，商事仲立人ともいう。他人間の商行為の媒介である仲立行為は，営業的商行為であり（商502条11号），自己の名をもって，かかる行為を業として行う商事仲立人は，固有の商人である（商4条1項）。

　ここに媒介行為とは，他人間（委託者と第三者との間）で法律行為が成立するように尽力することである。仲立人は，委託者との間で媒介行為を行う旨契約するところ，

この契約は，民法でいう準委任契約であると解される（民656条）。

　上記のような仲立ちを，双方的仲立ちともいう。この他に，上記に述べたところと別の一方的仲立ちというものがある。これは，仲立人が尽力する義務を負わず，仲立人の行為の結果，契約が成立した時に，委託者が仲立人に報酬を支払うという形態のものである。契約形態としては，請負に類似する。以下では，典型的な仲立ちである双方的仲立ちを前提として，説明する。

　商事仲立人の典型例として，旅行業者，不動産仲介業者等がある（もっとも後記のとおり，不動産仲介業者は，ときとして，民事仲立人である場合もありうる）。

2　仲立人の義務

(1)　序　説

　仲立人は，一般的義務として，善管注意義務（民656条・644条）の他，顧客のため公平誠実に媒介を行う義務を負う（公平誠実義務：保険業法299条参照）。

(2)　見本保管義務

　仲立人は，その媒介に係る行為について見本を受け取ったとき，その行為が完了するまで，これを保管しなければならない（商545条）。これを見本保管義務という。後日の紛争に備え，証拠を保全する趣旨で課された義務である。この義務が課されるのは，見本売買（目的物が見本と同一の品質を有するものとして行われる売買）の場合である。前記趣旨からして，見本の全部を保管する必要はなく，後日の紛争における立証に必要な限度で保管すればよい。また，仲立人自身が保管するのでも，自身の責任で他人に保管させるのでもよい。いずれにせよ保管は，善良な管理者の注意をもってなされる必要がある（民656条・644条）。

　見本保管義務の始期は，「見本を受け取ったとき」，終期は，「その行為が完了するまで」である。後者は，同義務の趣旨からして，契約の履行終了時という意味ではなく，それを超え，「後日の紛争」を生じるおそれがなくなったときであると解される。たとえば，当事者間における和解成立時，不適合責任の提訴期間経過時等がそれに当たる（民566条）。

(3)　結約書交付義務

　仲立人は，当事者間において媒介に係る行為が成立したとき，遅滞なく，結約書を作成し，かつ，署名し，または記名押印した後，これを各当事者に交付しなければならない（商546条1項）。これを結約書交付義務という。ここに結約書とは，①各当事者の氏名または名称，②当該行為の年月日および③その要領を記載した書面のことを

いう。後日の紛争に備え，証拠方法とする趣旨で，仲立人にかかる義務が課されている。結約書は，あくまでも単なる証拠書類にすぎないので，当事者は，他の証拠により，結約書記載事項が事実と異なることを主張・立証することができる。

　仲立人は，当事者が直ちに履行をすべきときを除き，各当事者に結約書に署名させ，または記名押印させた後，これをその相手方に交付しなければならず（同条２項），当事者の一方が結約書を受領せず，またはこれに署名もしくは記名押印をしないときは，遅滞なく，相手方に対してその旨の通知を発しなければならない（同条３項）。結約書の受領拒絶や署名・記名押印の拒否をする者は，当該契約に対し異議を有しているわけであり，かかる場合に，仲立人に遅滞なく相手方に通知させることにより，相手方に必要な準備をさせようとしているのである。

(4)　帳簿記載義務

　仲立人は，①各当事者の氏名または名称，②当該行為の年月日および③その要領を帳簿に記載しなければならない（商547条１項：記載事項は結約書と同様である）。この帳簿を仲立人日記帳という。契約の成立・その内容を明らかにし，後日の紛争に備える趣旨である。当事者は，いつでも，仲立人がその媒介により当該当事者のために成立させた行為について，上記仲立人日記帳の謄本の交付を請求することができる（同条２項）。

(5)　当事者の氏名等を相手方に示さない場合

　当事者がその氏名または名称を相手方に示してはならない旨を仲立人に命じたときは，仲立人は，結約書および仲立人日記帳の謄本にその氏名または名称を記載することができない。なお，その場合でも，仲立人日記帳の原本における各当事者の氏名または名称の記載は，省略することができない（商548条参照）。

(6)　介入義務

　仲立人は，当事者の一方の氏名または名称をその相手方に示さなかったときは，当該相手方に対して自ら履行をする責任を負う（商549条）。これを介入義務という。相手方が匿名当事者と取引することができるよう担保する趣旨で設けられた義務である。

3　仲立人の権利および権限

(1)　仲立人の報酬（仲立料）請求権

　仲立人の報酬を仲立料という。仲立人と委託者との間の法律関係は準委任契約である（民656条）。民法上は無償が原則とされているが（民648条１項），仲立人は，商人

であるため（商502条11号・4条1項），委託者のために行為をしたときは，特約がなくとも相当な仲立料を請求することができる（商512条）。

　商法は，仲立料の請求にあたり，①結約書交付義務を履行していること，②当事者間において媒介に係る行為が成立したことを要件として必要としている（商550条）。同条は，①についてのみ規定するが，②は①の前提とされている（商546条参照）。

　仲立人の報酬は，当事者双方が等しい割合で負担する（商550条2項）。仲立人が公平誠実義務を負う結果，委託者のみならず相手方も，仲立行為により利益を得ているためである。かかる趣旨からして，同条が定める「等しい割合」は，単なる内部負担割合にとどまらず，仲立人は，委託者と相手方に，半額ずつ請求することができる。委託者と相手方との間でこれと異なる特約を定めることができるものの，仲立人に対抗することはできないと解される。

　特に，不動産仲介業の領域では，成約まで関与しなかった仲立人の報酬請求を認めるか否かが問題とされることが多い。最判昭和45年10月22日民集24巻11号1599頁〔百選66事件〕は，宅地建物取引業者を排除して売買契約が成立した場合に停止条件の成就が故意に妨げられたとして，当該業者の報酬請求権を認めている。

(2)　費用償還請求権

　仲立人の費用相当分は，仲立料に含まれていると解されるので，仲立人は費用につき別途償還請求することができないと解されている。

(3)　給付受領権限の制限

　仲立人は，その媒介により成立させた行為について，当事者のために支払その他の給付を受けることができない（商544条）。仲立人がなす媒介行為は，あくまでも事実行為にすぎず，仲立人は代理権を授与されているわけではないのである。

　ただし，当事者の別段の意思表示または別段の慣習があるときは，この限りでない。

(4)　民事仲立人

　民事仲立人とは，他人間の商行為「以外」の行為（いずれにとっても商行為でない行為）を媒介することを業とする者を民事仲立人という。たとえば，結婚仲介業，家庭教師あっせん業等がある。不動産仲介業者も，個人間の不動産売買を仲介するときは，民事仲立人である。

　民事仲立人に関しては，商事仲立人に関する規定は直接適用されず，類推適用が問題とされる。

第4節 問 屋

1 意 義

　問屋（といや）とは，自己の名をもって他人のために物品の販売または買入れをすることを業とする者をいう（商551条）。他人のために物品の販売または買入れをすることを取次ぎといい，取次ぎに関する行為（商502条11号）は営業的商行為である。したがって，かかる行為を業として行う問屋は，固有の商人である（商4条1項）。なお，ここでいう物品には，有価証券も含まれる（最判昭和32年5月30日民集11巻5号854頁）。

　問屋の具体例として，金融商品取引法上の金融商品取引業者，商品先物取引法上の商品先物取引業者等を挙げることができる。これらの取引における対象物品は，相場の変動が激しかったり，リスクが大きすぎたりすることがある。このような物品に関する取引を迅速に成立させるためには，経済的効果を委託者に帰しつつも，法的効果を業者（問屋）に帰属させた方が便利であり，ここに問屋の存在意義がある。

　なお，一般に卸売商のことを問屋（とんや）というが，これは商法の問屋（といや）とは似て非なるものである。

2 「自己の名をもって他人のために」とは

　「自己の名をもって」とは，自己の名義でという意味である。「他人のために」とは，他人の計算においてという意味である。委託者をA，問屋をB，相手方をCとすると，BがAの損益で，Cとの間で取引行為をすることを意味する（商552条1項参照）。

3 準問屋

　自己の名をもって他人のために「販売又は買入れ以外の行為」をすることを業とする者を準問屋といい，問屋に関する規定が準用される（商558条）。準問屋の具体例として，広告業者等をあげることができる。

4 問屋の内部関係1：問屋の委託者に対する義務

(1) 問屋と委託者との関係

　問屋と委託者との間の契約（AB間）は，委任契約であるといってよい（民643条）。商法は，委任に関する規定を準用するものと規定するが（商552条2項），委任に関する規定は，準用でなく，まさに適用される。

　他方，代理に関する規定は，条文どおり「準用」される（同項）。問屋と第三者間（BC間）の取引の経済的効果は委託者（A）に帰属するが，問屋は代理人ではないので，法律上の効果は，Bに帰属する。このような形態を間接代理という。

　上記のところから，たとえば，物品販売の委託を受けた問屋が他の問屋にこれを再委託した場合，再委託を受けた問屋と委託者本人との間に，復代理に関する民法の規定（民106条2項）は準用されないこととなる（最判昭和31年10月12日民集10巻10号1260頁）。

　また，問屋が買い入れた物品の所有権は，委託者ではなく，問屋に帰属する。委託者に帰属するのは，経済的効果だけなのである。このことを突き詰めると，問屋が破産した場合，問屋が買い入れた物品は，破産財団を構成し，問屋の一般債権者のための責任財産を構成するということになりそうである。しかし，最判昭和43年7月11日民集22巻7号1313頁〔百選70事件〕は，問屋の「権利は委託者の計算において取得されたもので，これにつき実質的利益を有する者は委託者であり，かつ，問屋は，その性質上，自己の名においてではあるが，他人のために物品の販売または買入をなすを業とするものであることにかんがみれば，問屋の債権者は問屋が委託の実行としてした売買により取得した権利についてまでも自己の債権の一般的担保として期待すべきではないといわなければならない」と判示し，問屋が委託の実行としてした売買により権利を取得した後これを委託者に移転しない間に破産した場合には，委託者は，当該権利につき取戻権（破62条）を行使することができるものとする。理論構成につき若干の違いがあるものの，通説もかかる判例の立場を支持する。

(2)　善管注意義務

　前記のとおり，問屋と委託者との間の契約（AB間）は，委任契約なので，問屋は委託者に対し，善管注意義務を負う（民644条）。この他，委託者が消費者等，取引の実情に通暁しない者である場合に，問屋に説明義務が課されることがある。説明義務の意義・根拠・範囲等については，種々の議論があるため，詳細は金融商品取引法の教科書を参照されたい（たとえば，最判平成21年7月16日民集63巻6号1280頁〔百選69事件〕は，善管注意義務にその根拠を求めている）。

(3)　通知義務

　問屋は，取引の代理または媒介をしたときは，遅滞なく，委託者に対して，その旨の通知を発しなければならない（商557条・27条）。

(4)　指値遵守義務

受任者たる問屋は，委任者たる委託者の指示に従うことを要し，委託者が販売価格・買入価格を指定した場合には，その指示（指値）に従う義務を有する。問屋が，委託者の指示なしに無断売買を行っても，委託者の計算に帰することはできない（最判平成4年2月28日判時1417号64頁）。

ただ，商法は，問屋が，指値より低い価格で販売をし，または高い価格で買入れをした場合において，自らその差額を負担するときは，その販売または買入れは，委託者に対してその効力を生ずるものとする（商554条）。委託者保護としては差額を問屋が負担すれば十分だし，他方，問屋としても，差額を負担しても報酬を得る方が有利な場合がありえ，かかる状況を考慮した規定である。もちろん，問屋の差額負担によっても，なお委託者に損害が生じた場合には，委託者は問屋に対し，損害賠償を請求することができる。

(5)　問屋の担保責任

問屋は，委託者のためにした販売または買入れにつき相手方がその債務を履行しないときに，別段の意思表示または別段の慣習がない限り，自らその履行をする責任を負う（商553条）。委任契約の本質からすると，受任者たる問屋は，委任の本旨に従い行動しさえすれば，結果につき責任を負うことはないはずであるが，委託者保護と問屋制度の信用維持のため，法は，特別の担保責任（法定担保責任）を問屋に課したのである。

5　問屋の内部関係2：問屋の委託者に対する権利

(1)　報酬請求権

委任は，民法上無償が原則であるが（民648条1項），問屋は商人であるので，営業の範囲内において他人のために行為をしたときは，相当な報酬を請求することができる（商512条）。

(2)　費用償還請求権

問屋は，費用を立て替えた場合，委託者に対し償還請求権を有する（民650条，商513条2項）。

(3)　留置権

問屋は，委託者に対し，留置権を有する。その内容は，代理商の留置権（**第2節2**(4)）と同様である（商557条・31条）。

(4)　介入権

　問屋は，取引所の相場がある物品の販売または買入れの委託を受けたときは，自ら買主または売主となることができる（商555条1項）。これを介入権という。問屋が自ら買主または売主となることは，利益相反取引であるものの，場合によっては当事者の利益に合致することがありうるところから，法は所定の要件のもとで認めることにしたのである。介入権が行使された場合，売買の代価は，問屋が買主または売主となったことの通知を発した時における取引所の相場によって定める（同条1項）。逆にいうと，対象物につき取引所の相場があることが要件とされていることとなる。

　介入権は形成権であり，問屋がこれを行使し，その意思表示が委託者に到達したときに効力が生じる。ただし，売買価格は，上述のとおり，通知を発した時点が基準とされる。介入権行使の効果として，問屋と委託者との間に売買契約が成立する。そしてこのことにより，問屋は，委託を実行したこととなり，問屋は，委託者に対して報酬を請求することができる（同条2項）。

(5)　供託権および競売権

　問屋が買入れの委託を受けた場合において，委託者が買い入れた物品の受領を拒み，またはこれを受領することができないときは，売主による目的物の供託および競売に関する規定にならい（商524条），問屋は，供託・競売をすることができる（商556条）。

6　問屋の外部関係

　4(1)のとおり，間接代理という性質から，問屋と第三者間（BC間）の取引の法的効果は，問屋（B）自身に帰属し，問屋（B）は相手方（C）に対し，直接権利を有し義務を負う。したがって，相手方（C）は，委託者（A）に対し，直接義務の履行を請求することはできないし，委託者（A）に対する抗弁をもって，問屋（B）に対抗することもできない。逆もまた然りである。要は，問屋の外部関係において，委託者（A）は関係を有しないのが原則である。

　しかし，①委託者（A）が相手方（C）に対し詐欺を行った場合，②委託者（A）の指示に従い，問屋と第三者間（BC間）との間で売買契約が締結されたが，その有効性に影響を及ぼす事情につき委託者が悪意・有過失であった場合，かかる原則を貫徹してよいかについては，議論がありうる。

第5節　フランチャイズ契約（FC契約）

1　フランチャイズ契約の意義

　フランチャイズとは，加盟店（フランチャイジー）が，事業本部（フランチャイザー）とフランチャイズ契約を結ぶことで，事業本部から，商標・チェーン名称，商品，ビジネス・経営ノウハウ，技術サポート・研修がすべて一体となった「パッケージ」を得ることができるビジネス・モデルであり，フランチャイズ契約とは，かかるフランチャイズに関する契約のことである。フランチャイズ契約において，加盟店はパッケージを利用する権利を得る代わりに，その対価としてロイヤルティとよばれる代金を本部に支払う義務を負担する。

2　代理店・特約店との違い

　フランチャイズ契約と代理店・特約店契約とは，厳密に区別するのは難しい。ただ，ごく大雑把にいうと，代理店・特約店契約は，特定のメーカーの系列の下，当該メーカーの商品の販売およびそれに関連する業務（たとえば，商品のアフターサービス等）を請け負うという契約形態で，販売方法等につき，代理店・特約店の裁量が大きいのに対し，フランチャイズ契約は，事業本部が定めたパッケージというフォーマットに従った事業活動に従うことが義務づけられている形態である。代理店・特約店契約では，自由度が比較的高い反面，あくまでも自力で販路開拓等していかなければならないのに対し，フランチャイズ契約では，事業本部からのパッケージに基づく指導を期待することができる。

3　契約の解消

　フランチャイズ契約，代理店・特約店契約のいずれも，継続的契約であるので，代理商の契約に関するのと同様，契約の終了にあたり法的問題が生ずることが多い。その際には，契約を解消する際の「やむを得ない事由」（多くは契約書に契約の解消事由として規定されている）の解釈問題として，契約で遵守を義務づけられている条項の有効性が争われることが多い。

　たとえば，最判平成10年12月18日民集52巻9号1866頁〔百選50事件〕は，化粧品会社から特約店契約に対してなした解約を有効として事案である。この事件では，特約店が，特約店契約で義務づけられた化粧品の対面販売に従わなったことが，「やむを得ない事由」に該当するかが問題とされたところ，前掲最判平成10年12月18日は，前

記の対面販売に関する条項を「メーカーや卸売業者が販売政策や販売方法について有する選択の自由は原則として尊重されるべきであることにかんがみると，これらの者が，小売業者に対して，商品の販売に当たり顧客に商品の説明をすることを義務づけたり，商品の品質管理の方法や陳列方法を指示したりするなどの形態によって販売方法に関する制限を課することは，それが当該商品の販売のためのそれなりの合理的な理由に基づく」と判示した。

第3編◆商事売買

第1章 商事売買の成立

第1節 商行為法通則の規制

1 商行為に関する契約の成立

(1) 隔地者間における契約の申込み

契約は，申込みと承諾という2つの意思表示の合致によって成立する（民522条1項）。申込みとは，承諾と合致することによって直ちに契約を成立させることを内容とする意思表示であり，承諾とは，申込みと合致して契約を成立させることを内容とする意思表示である。

民法上，隔地者間での契約の場合，申込者は，承諾の期間を定めないでした申込みにつき，承諾の通知を受けるのに相当な期間を経過するまでは，申込みを撤回する権利を留保したときを除き，原則として撤回できない（民525条1項）。これに対して，商人である隔地者間において承諾の期間を定めないで契約の申込みを受けた者が，相当の期間内に承諾を発しない場合には，商取引の迅速性の観点から，申込みは効力を失うことになる（商508条1項）。なお，遅延した承諾については，申込者がこれを新たな申込みとみなすことができる（商508条2項，民524条）。

(2) 諾否通知義務

【Case 1】

　喫茶店を営むXは，Aから同人所有の土地（本件土地）を賃借し，本件土地上に建物を建築し所有していたが，火事で建物が焼失してしまった。そうしたところ，金物商YがAから本件土地を買い受けて所有権移転登記をし，本件土地上に建物を建築した。そこで，Xは，Yに対して，建物の収去と土地の明渡しを求め

て提訴した。

　Yは，訴訟において，XはYから借地権放棄の申込みを受けたにもかかわらず，直ちに諾否を明らかにしなかったとして，商法509条2項に基づく承諾擬制があったと主張しているが，Yの主張は認められるか。

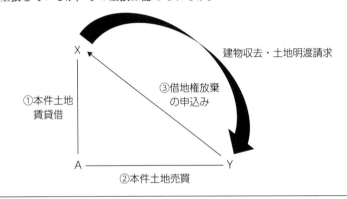

　民法上の原則では，契約は，申込みと承諾という2つの意思表示の合致によって成立するため（民522条1項），申込みを受けた者が承諾しなければ契約は成立しないこととなる。

　もっとも，ある程度継続的な商取引がある者から申込みがあった場合には，早期に諾否の通知をすることが望まれ，また，承諾の通知がなければ当該申込みを承諾したと考えることが合理的である。そこで，商人が平常取引をする者からその営業の部類に属する契約の申込みを受けたときは，遅滞なく，契約の申込みに対する諾否の通知が必要とされ，その通知を怠った場合には，申込みが擬制されることとなっている（商509条1項2項）。

　「平常取引をする者」とは，すでにある程度の継続的取引関係にあり，今後も継続が予想される関係にある者をいう。また，「営業の部類に属する取引」については，学説上，商人の基本的商行為に限るのか，附属的商行為も含まれるのかについて争いがある。

　【Case 1】の素材とした判例（最判昭和28年10月9日民集7巻10号1072頁〔百選32事件〕）においては，「平常取引をする者」と「営業の部類に属する取引」のいずれも否定されている。

(3)　送付物保管義務

民法上は，申込みとともに受け取った物品があった場合に，申込みを拒絶したとき

の当該物品の保管義務に関する規定はない。

商取引においては，相手方の承諾を予想して，物品を申込みとともに送付することもあり，その場合における商取引の迅速性と物品を送付した者の信頼を保護する必要がある。そこで，商人が営業の部類に属する契約の申込みを受け，申込みとともに物品を受け取った場合には，申込みを拒絶したときであっても，送付物の保管義務が課されている（商510条本文）。もっとも，物品の価格が費用を償うのに足らないときや，保管することによって商人が損害を負うときには，保管義務を課すことは商人にとって酷であることから，保管義務は課されない（商510条ただし書）。

(4) 債務の履行場所

民法上，債務の履行場所については，特段の定めがない場合，特定物の引渡しは債権発生時に当該特定物が存在した場所，その他の債務は債権者の現住所とされている（民484条1項）。

商行為によって生じた債務の履行すべき場所については，行為の性質や当事者間の定めによって定まらない場合，特定物の引渡しは行為時に当該特定物が存在した場所，その他の債務は債権者の現在の営業所（営業所がない場合はその住所）となる（商516条）。

2 商行為の代理

(1) 代 理

【Case 2】

X社は，ラムアンゴラ毛糸の売買の代理権をAに授与し，Aは，Y社との間で，A名義でラムアンゴラ毛糸につき代金50万円で売買契約（本件契約）を締結した。本件契約時，Y社は，AがX社のために本件契約を締結していることを知らなかった。

X社がY社に対して本件契約に基づく売買代金50万円の支払を求めたところ，Y社は，Aに対する貸金債務50万円と対等額での相殺を主張した。

この場合に，X社のY社に対する売買代金の支払請求は認められるか。

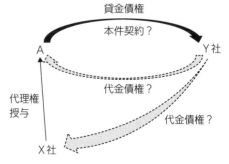

　民法上は，法律行為をした者に法律効果が生じるのが原則である。代理制度においては，私的自治の拡張と補充の観点から，代理人がした法律行為の効果が本人に帰属することとなる。民法上の代理の要件は，本人から代理人への代理権授与，代理人による顕名，代理人の法律行為（民99条1項）である。顕名（けんめい）とは，代理人が本人のためのすることを相手方に示してした意思表示であり，たとえば，Bが本人Aを代理してCと契約をする際に，「A代理人B」と名乗ることである。民法上の代理においては，顕名がない場合には，相手方が本人のためにされていることを知っているとき，または，そのことを知ることができたときを除き，代理人に効果が帰属することになる（民100条）。

　これに対して，本人が代理人を通じて行う商取引において，相手方は，本人が代理人を通じて商行為を行っていることを知りうるし，また，顕名を要求すると，代理人は取引のたびに顕名しなければならず，相手方も本人を確認しなければならないため，商取引の簡易・迅速性を損なうことなる。そこで，商行為の代理は，顕名がなされなくても，原則として，本人に効果が帰属することになる（商504条本文）。

　商行為の代理においては，顕名がなされないことから，相手方が代理人を本人であると誤信して取引する場合もある。そのような場合の相手方を保護するために，相手方が代理人が本人のためにすることを知らなかったときは，代理人に対する履行の請求を認めている（商504条ただし書）。顕名がない場合の取扱いについて，商行為の代理と，民法上の代理とでは，原則と例外が逆転している。

　商法504条本文の文言からは，商行為の代理から生じる法律関係は，本人と相手方との間で生じることとなる。そのため，商法504条ただし書が適用される場合においては，代理人と相手方との間に法律関係が生じることはなく，善意の相手方が代理人に履行の請求をできるだけのようにも思われる。

　そのように解すると，【Case 2】のように相手方（Y社）が代理人（A）に対して有する債権と商行為の代理から生じた代理人の相手方に対する契約上の債権との相殺が認められなくなる。

　判例（最大判昭和43年4月24日民集22巻4号1043号〔百選30事件〕）は，商法504条ただし書が適用される場面において，本人と相手方との間の法律関係のみならず，相手方保護の観点から，相手方と代理人との間にも法律関係が生じ，相手方は，本人との法律関係，代理人との法律関係について，選択を認めている（選択説）。

　また，上記判例は，過失がある相手方について，商法504条ただし書の「第三者」に含まれないと解している。判例のように考えると，【Case 2】においても，Y社が善意・無過失であれば，Aとの法律関係を選択し，Aに対する貸金債権とAに対する売買代金債務を相殺することによって，X社からの請求を拒むことができる。

　商法504条ただし書について選択説を採用すると，本人が相手方に対して債務の履行を求める訴訟提起後に消滅時効期間が経過し，その後，相手方が代理人との法律関係を選択した場合に，相手方と本人との間に法律関係が生じず，また，代理人に対する債務は時効消滅したとして，債務の弁済を不当に免れることができるという不都合が生じ得る。

　判例（最判昭和48年10月30日民集27巻9号1258頁〔百選31事件〕）は，本人の債権と代理人の債権は，債権の実体は単一であるとして，本人による前訴が継続している間は，代理人の債権についても催告に準じた時効中断効（完成猶予）を認め，不都合を回避している。

(2)　委　任

　商法505条は，商行為の受任者は，委任の本旨に反しない範囲内において，委任を受けていない行為をすることができると規定している。商法505条の規定は，その文言から，民法上の委任における事務処理の範囲を拡張しているようにも見える。もっとも，受任者の善管注意義務について規定した民法644条の解釈では，委任の本旨に反しない限度で事情の変更に伴う便宜な処理が認められていることから，商法505条により，民法の規定を修正する必要はない。そのため，商法505条は，受任者の善管注意義務に基づく事務処理の範囲の明確化を図った注意規定と解されている。

　民法上，委任による代理権は，本人の死亡によって消滅する（民111条1項・653条1号）。これに対して，商行為の委任による代理権は，商人の営業活動を当該商人の死亡によって消滅させず，継続させることが合理的であるため，本人の死亡によっても消滅しない（商506条）。

3　商行為の営利性

(1)　報酬請求権

【Case 3】
　宅地建物取引業者（**第2編第6章第3節3参照**）Ｘは，Ａから委託を受け，Ｙ
とＹ所有地についてＡへの売買について折衝を重ね，ＡＹ間の土地売買契約（本
件契約）が締結されるに至った。もっとも，Ｘは，Ｙ所有地の売買について，Ｙ
から委託を受けていない。
　そこで，Ｘは，Ｙに対して，商法512条に基づき報酬を請求できるか。

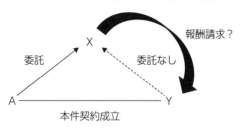

　民法上の委任契約の受任者や寄託契約の受寄者等の他人のために行為をする者は，
当事者間に報酬の定めがない場合，報酬を請求できない（民648条1項・656条・665
条）。
　これに対して，商法が適用される商人は，営利を目的として活動していることから，
報酬の定めをしていない場合であっても，営業の範囲内において他人のために行為を
したときは，相当な報酬を請求できる（商512条）。
　商法512条にいう「他人のために」には，他人の委託に基づく場合だけでなく，事
務管理をした場合も含むと解されている。判例上（最判昭和44年6月26日民集23巻7
号1264号〔百選34事件〕），委託を受けていない者に対して商法512条に基づく請求す
る場合には，他人のためにする意思が必要とされている。【Case 3】においても，Ｘ
はＹから委託を受けていないことから，ＸがＹのためにする意思を有していないと報
酬の請求は認められないこととなる。
　他人のためにする意思は，おせっかいな業者が他人のための意思があるとして報酬
請求することや不意打ち的な報酬請求がされることを防ぐために，客観的に認められ
る必要があるとされている（最判昭和50年12月26日民集29巻11号1890頁）。

(2)　利息請求権

　民法上の消費貸借契約においては，特約がなければ，貸主は借主に対して利息を請求することができない（民589条1項）。これに対して，商人間の金銭消費貸借契約においては，商行為の営利性の観点から，特約がなくても，貸主は，借主に対して，法定利息を請求することができる（商513条1項）。

　民法上の委任契約における受任者や寄託契約における受寄者は，立替金について利息を請求できるが（民650条1項・665条），事務管理における管理者は，立替金について利息を請求できない（民702条1項）。これに対して，商人は，営業の範囲内において他人のためにした立替金について事務管理を含めて利息を請求することができる（商513条2項）。

　商行為によって生じた債務について民法の変動金利制が適用されている。法定利率はまず年3％である（民404条）。

第2節　商事売買の特則

1　売主による供託権・自助競売権

　売買契約の目的物について，買主が提供された商品につき受領拒絶した場合や受領不能の場合，いつまでも契約関係が継続すると，売主が不安定な地位におかれることになる。民法上は，買主の受領拒絶や受領不能があった場合，目的物について供託をすることによって，債権を消滅させることができる（民494条1項）。売買の目的物が供託に適しない場合には，裁判所の許可を得て，その目的物を競売に付し，その代金を供託することができる（民497条）。

　これに対して，商事売買において，目的物について買主による受領拒絶や受領不能があった場合，売主は，その目的物について供託するのみならず，相当の期間を定めて催告をした後に，裁判所の許可なしに，競売に付することができる（商524条1項）。目的物について，損傷その他の事由による価格下落のおそれがある場合については，催告なしに競売に付することもできる（同条2項）。また，商事売買においては，競売による代価について供託するだけでなく，代金に充当することも認められている（同条3項）。同条1項は，迅速な法律関係の確定の観点から，供託に適さない目的物でなくても裁判所の許可を得ることなしに競売を行える点，目的物の競売の代価から代金の充当が認められている点で，民法の特則となっている。

2　定期売買

【Case 4】

　土地転売を業とするYは，当初，B組合に対して，特殊飲食店街のための用地として合計5,000坪の土地を売却したが，1,700坪分（本件土地）の代金が支払われなかった。Yは，契約の解除をしようとしたが，B組合の組合長で同業者Aに懇請されたため，本件土地分について売買契約を合意解除した。そして，Yは，昭和30年2月9日，Aとの間で，本件土地につき上昇傾向にあった相場に比して相当安価な代金額での売買契約（本件契約）を締結した。本件契約の締結に際して，YA間では，昭和30年3月10日までに代金全額の支払がなされなかったときは，本件契約を解約する旨の念書を作成していた。しかしながら，Aから昭和30年3月10日までに代金全額は支払われなかった。その後，Aから本件土地を取得したと主張するXがYに対して本件土地の所有権移転登記を求める訴訟を提起した。

　XのYに対する請求は認められるか。

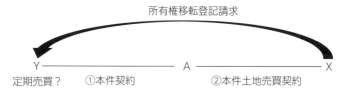

　定期売買（確定期売買）においては，特定の日時または一定の期間内に履行がされないと，契約を締結した目的が達成されないため，履行遅滞があった場合には，直ちに，契約の解除を認めることが望ましいといえる。民法においては，定期売買の履行遅滞の場合に，催告なく，契約を解除できる（民542条1項4号）。

　これに対して，商人間の定期売買において履行遅滞があった場合には，売主の保護と迅速な法律関係の確定の観点から，相手方が直ちにその履行の請求をした場合を除き，解除の意思表示なく，時期の経過により解除が擬制されることになる（商525条）。

　定期売買か否かは，契約の性質または当事者の意思表示を考慮して確定することになる。【Case 4】の素材となった判例（最判昭和44年8月29日判時570号49頁〔百選39事件〕）においては，特殊飲食店街をつくるという特殊な事情があり，そのために相場より相当安く土地が売却されており，Yがいつまでも安価な土地の提供にしばられることは不合理であり，履行期までに代金全額の支払があることにYが特別の関心

を示し，Ａもそのことを了解の上，履行期までの代金を支払うことを約束したとして，意思表示による定期売買の成立を認め，契約の解除を擬制し，Ｘの請求を否定している。

3　検査通知義務

【Case 5】
　暖房機器の製造販売業者Ｘは，種苗卸売業者Ｙとの間で，ビニールハウス内で使用する暖房用バーナーの売買契約（本件契約）を締結した。Ｙは，Ｘに対して，暖房用バーナーを受領してから１年後に暖房用バーナーに欠陥があることを発見し，通知した。
　Ｙは，Ｘに対して契約不適合責任を追及することができるか。

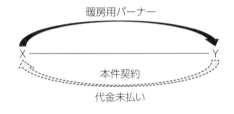

　売買契約において，売主は，買主に対して，種類，品質および数量に関して契約の内容に適合した目的物を引き渡す債務を負っている。そのため，売主が買主に引き渡した目的物が種類，品質および数量に関して契約の内容に適合しない（契約不適合）場合，民法上，買主は，売主に対して，追完請求，代金減額請求，損害賠償請求および解除権の行使が可能となる（民562条・563条・564条・415条・541条・542条）。

　民法において，買主は種類または品質の契約不適合について知った時から１年以内にその旨を売主に通知しないと，売主が引渡時に契約不適合につき悪意または重過失であった場合を除き，責任の追及ができなくなってしまう（民566条）。これに対して，数量の契約不適合については，不適合について比較的容易に発見できることから，通知義務が課されていない。また，契約不適合に基づく責任追及については，通知義務とは別に，消滅時効の規定（民166条）の適用を受けることになる。民法上は，目的物について契約不適合があった場合，売主は，最長で10年，責任追及をさせる可能性であるわけであり（同条１項２号参照），商事売買の売主に，そのような規定を適用することは，売主にとっては酷である。

　そこで，商人間の売買においては，買主は目的物の検査義務及び通知義務を課すこ

とによって（商526条1項2項）によって，法律関係の早期確定を図っている。すわなち，買主には，目的物を受領したときは，遅滞なく，検査をし（同条1項），①契約不適合を発見したときは，直ちに，売主に対して通知しなければ，契約不適合責任を追及できず（同条2項前段），②契約不適合が直ちに発見できない場合にも6か月以内に契約不適合を発見した場合には，売主に対して通知をしないと，契約不適合責任を追及できないこととなる（同項後段）。もっとも，売主が契約不適合について悪意である場合には，売主を保護する必要がないことから，通知義務は課されないこととなる。商法526条の検査通知義務は，数量の不適合についても適用されることとなる（同条1項2項）。買主が売主に対して，契約不適合について通知をした後の責任追及は，債権の消滅時効により，契約不適合を知った時から5年の期間制限を受けることとなる（民166条1項1号）。商法526条は，任意規定であることから，当事者間で特約を締結することも可能である（東京地判平成23年1月20日判時2111号48頁〔百選40事件〕）。

　【Case 5】の素材とした判例（最判昭和47年1月25日判時662号85頁〔百選41事件〕）においては，瑕疵が直ちに発見しえないものであるときでも，受領後6か月内にその瑕疵を発見して直ちにその旨の通知を発しなければ，損害賠償請求や解除ができないとされている。

4　買主の保管義務・供託義務

　商事売買の目的物に契約不適合があった場合，民法上は，買主は契約を解除すると，売主に目的物を返還する義務を負うが（民545条1項本文参照），目的物の保管義務や供託義務を負うことはない。商事売買においては，目的物を売主に返還するよりも，買主に保管・供託してもらった方が有利な場合がある。

　そこで，商人間の売買の目的物に契約不適合があり，契約が解除された場合には，買主は売主の費用で目的物を保管または供託する義務を負うことになる（商527条1項本文）。また，買主は，目的物に滅失または損傷のおそれがあるときは目的物の所在地を管轄する地方裁判所の許可を得て，競売に付し，代価を保管または供託する義務を負い（商527条1項ただし書2項），競売に付したことについての通知義務を負う（商527条3項）。もっとも，売主と買主の営業所が同一の市町村の区域内にある場合には，買主は，保管・通知義務を負わない（商527条4項）。商法527条の規定は，注文した物品と異なる場合や注文した数量を超過した場合についても準用されている（商528条）。

第2章　商品の引渡し
──荷渡指図書

　寄託者が物品を倉庫に寄託したまま，第三者たる買主に売却・引渡しをする方法としては，倉荷証券（**第5編第1章第6節**）を買主に提供する方法の他に，荷渡指図書（Delivery Order）を提供する方法がある。現実の国内売買においては，倉荷証券の提供の方法によることは稀であり，もっぱら荷渡指図書が利用される。ここに，荷渡指図書とは，発行者（寄託者）が物品保管者等にあてて，正当な所持人に対して物品の引渡しを依頼する証券である。荷渡指図書は，商慣習に基づき発達してきた実務上の制度であり，制定法上の根拠規定は存在しない。荷渡指図書には，寄託者から物品の保管者（倉庫営業者）にあてたものと，物品保管者の営業所から保管者の倉庫にあてたものがあるが，取引に利用されるのは前者である。以下では，前者の荷渡指図書につき説明する（後者については，有価証券性を認めるのが多数説であるが，単なる社内連絡のための文書にすぎないとして否定する見解も有力である）。

　寄託者から物品の保管者（倉庫営業者）にあてた荷渡指図書は，有価証券ではなく単なる証拠証券にすぎない。したがって，荷渡指図書の所持人に対し，物品を引き渡せば免責されるという免責的効力は存在するものの，倉荷証券におけるような物権的効力は存在しない（最判昭和48年3月29日判時705号103頁）。荷渡指図書による指示は，履行の簡便と確実を期するために用いられているものにすぎず，現実の引渡しがなされるまでは，いつでも電話や口頭で取消し，撤回ができるものである（前掲最判昭和48年3月29日，最判昭和35年3月22日民集14巻4号50頁）。指示を受けた倉庫営業者としても，知らない第三者よりも，得意先である寄託者の利益を優先させるのが通例であろう。

　ただ，寄託者が倉庫営業者に対して発行した荷渡指図書に基づき，倉庫営業者が寄託者台帳上の寄託者名義を変更した場合は，事情が異なってくる。最判昭和57年9月7日民集36巻8号1527頁〔百選97事件〕は，かかる場合に，指図による占有移転があったものと認めた。したがって，これにより場合によっては，即時取得（民192条）が生じうる。

第3章　代金の支払の確保

　売買代金の支払は，買主の最も基本的な義務であるが，わが国の商人間の売買においては，売主が義務を先履行し，買主に対し信用を供与する形の契約が多い。そこで，売主の債権担保の手段が必要となる。

第1節　動産売主の代金債権担保手段

1　動産売買の先取特権

　民法上，動産の売主は，動産の代価および利息につき，代金債権担保手段として，買主が占有する当該動産の上に先取特権を有する（民311条5号・321条）。担保・執行制度の改正前は，手続法上売主の担保権利の行使が制約されていたが，現行制度下では，執行裁判所の許可による競売開始の手続（民執190条1項3号2項〜4項）がある。

(1)　自社売り商品の引揚げ
　買主が倒産状態に陥ったとき，売主が，買主と合意の上，代金未払いになっている自社売り商品を引き揚げる行為は，動産売買の先取特権の対象となる物件を被担保債権の範囲内で代物弁済に供する限り，他の債権者を害する行為には当たらず，破産法上の否認（破162条）の対象とはならないと解されている（最判昭和41年4月14日民集20巻4号611頁）。

(2)　動産売買の先取特権に基づく競売
　動産売買の先取特権の実行としての競売は，①債権者である売主が執行官に対し動産を提出したとき，②動産の占有者が差押えを承諾することを証する書面を提出したとき，③売主が担保の存在を証する文書を提出して競売開始の申立てをし，執行裁判所がそれを許可し，執行官に当該許可の決定書の謄本が提出されかつ債務者に許可決定が送達されたときに限り，開始する（民執190条1項各号2項）。

(3)　動産売買の先取特権に基づく物上代位

　買主が売買目的物を第三者に転売しその代金が残存する場合，当該債権は動産売買の先取特権に基づく物上代位の対象となり（民304条1項），売主が当該担保権を実行するためには「担保権の存在を証する文書」を裁判所に提出することを要する（民執193条1項）。そして，物上代位権を行使するためには，転売代金が支払われる前に売主が当該債権を差し押さえることを要するとされている（民304条1項ただし書）。この趣旨は，当該債権の特性を保持すること，および第三債務者または当該債権の譲受人の損害を防止することにあると解される。転売代金債権が譲渡され第三者に対する対抗要件が備えられた後は，売主は，当該債権を差し押さえて物上代位権を行使することはできない（最判平成17年2月22日民集59巻2号314頁）。

2　所有権留保

　所有権留保とは，売買代金が完済されるまで引渡しを終えた売買目的物の所有権を留保する，約定担保権である。所有権留保特約は，解除特約（一定の事由が生じたことをもって，売買契約解除権の発生原因または売買契約当然解除の原因とする旨の特約）とともに置かれることが多い。売主が契約を有効に解除できないまま，買主に対し破産手続開始の決定，再生手続開始の決定があった場合，所有権留保売主には，別除権（破65条，民再53条）が認められると解される（最判平成22年6月4日民集64巻4号1107頁）。

　この見解によれば，売主は，残代金債権額と目的物の価額との差額を清算する義務があることになる。また，転売代金につき，物上代位権を行使するか，破産財団，再生債務者に対し不当利得返還請求権を有することになる（破148条1項5号，民再119条6号）。

　買主につき会社更生手続が開始されたときは，更生担保権（会更2条10項）として取り扱われるとするのが支配的見解である。これに対して，近時，一律に更生担保権として取り扱うことに疑問があるとして，場合により取戻権を認めるべきであるとする折衷的見解もある。

第2節　商法に規定する商事債権の担保

1　多数債務者間の連帯

　数人の債務者がある場合に，数人がその1人または全員のために商行為（附属的商行為を含む。最判平成10年4月14日民集52巻3号813頁〔百選33事件〕）となる行為に

よって債務を負担したときは，その債務を各自が連帯して負担するものとされる（商511条1項）。同項は，債権者にとってのみ商行為である場合には適用されない（大判明治45年2月29日民録18輯148頁）。また，数人が各別の行為によって債務を負担した場合を含まないとするのが通説である。

　保証人がある場合に，債務が主たる債務者の商行為によって生じたとき，または保証が商行為であるときは，主たる債務者および保証人が各別の行為をもって債務を負担したときであっても，その債務は各自が連帯して負担するものとされる（商511条2項）。「保証が商行為であるとき」とは，保証をなす行為が保証人にとって商行為である場合をいう。判例（大判昭和14年12月17日民集18巻1681頁）は，債権者にとって商行為であるにすぎない場合にも511条2項が適用されるとする。これに対して，学説の多数説は，債権者にとって商行為であるに過ぎない場合を含まないと解する。なお，数人の保証人が各別に保証した場合には511条2項の趣旨からは商人間にも連帯関係が生ずるとするのが判例（大判昭和12年3月10日新聞4118号9頁）・通説である。

　商法511条1項および2項は任意規定であり，反対の特約が可能である（大判昭和13年3月16日民集17巻423頁）。企業の取引活動における債務の履行を確実にすることによって債権者の保護を強化し，これによって安全かつ敏速な取引を実現するとともに企業金融の円滑化を図るためである。

2　流質契約禁止の適用除外

　商行為によって生じた債権を担保するために設定した質権については，流質契約を禁止する民法の規定（民349条）が適用されない（商515条）。これは，商人は自己の利害を慎重に計算して経済人として合理的に判断することができ，むしろ流質契約を認めることが企業金融の円滑に資するからである。

第3節　商事留置権

　商事留置権とは，広義には商法上に規定される留置権の総称をいい，狭義には商人間の留置権（商521条）のみを指す。

1　代理商・問屋の留置権

　商法31条は代理商の留置権について定めている。代理商と特定の商人とは継続的な関係を有しており，仲介業務の特質から，特別の留置権が認められている。代理商の留置権は，同様の業務の性質を持つ問屋にも準用されている（商557条）。

　この留置権は民法の留置権（民295条）と異なり，被担保債権と留置物との牽連関

係を要求していない。ただし，被担保債権は，本人のために取引の代理または媒介によって生じたことが要件となる。留置物については，特に要件はない。

　この留置権は別段の意思表示によって排除することも可能である（商31条ただし書）。

　留置権の効力は民法の一般原則に従うことになる。

2　商人間の留置権

　民法上，他人のものの占有者はその者に関して生じた債権を有するときには，その債権の弁済を受けるまでその物を留置できるとされているが（民295条），商人間において個別に担保権を設定・変更することは，迅速性を重視する商取引にとって，不便であることから，商法521条は商人間における特別の留置権を規定する。

(1)　商人間の留置権の成立要件

　①　被担保債権が，当事者双方のために商行為である行為（双方的商行為）によって生じたこと。

　商人が営業を離れて絶対的商行為を行ったときに，商法521条が適用されるかについては，絶対的商行為に当たるときは，その行為が当事者双方にとって営業としてまたは営業のためになす行為である場合に限られるという見解と，そのような限定を疑問とする見解に分かれている。

　債権・債務関係が意図的に作り出される場合には，商人間の信用取引を確保するという同条の趣旨に反することになってしまうから，第三者から譲り受けた債権は被担保債権となり得ない。

　②　留置の目的物が債務者の所有に属する物または有価証券であること。

　被担保債権と留置の目的物との間の個別的牽連性は，民法295条の留置権と異なり，不要である。

　第三者の所有物については債権者が善意のときも留置権は成立しない。また，債権者である買主の売買契約の解除により債務者である売主に所有権が復帰した物についても債権者は留置権を行使できないとするのが，裁判例（京都地判昭和32年12月11日下民8巻12号2302頁）および通説である。

　商人間の留置の目的物となりうる「物又は有価証券」に，不動産を含むかどうかについて，民法上，「物」には不動産も含まれるため（民86条），商人間の不動産をめぐる継続的信用取引の安全，迅速性のためには，不動産も商法521条が商人間の留置権の目的物として定める「物」に当たると解される（最判平成29年12月14日民集71巻10号2184頁〔百選35事件〕）。

　かつては，これを否定する下級審裁判例もあり（東京高判平成8年5月28日高民49巻2号17頁ほか），学説上も，土地を目的物とする商人間の留置権の成立を否定する見解も有力であった。否定説の根拠としては，商人間の留置権の沿革から，「動産および有価証券」が目的物とされていたこと，昭和54年制定の民事執行法で廃止される前の競売法22条によって，不動産については，動産と異なり，商法の規定により競売すべき場合はないと解されていたこと，留置権が対価的牽連性が強い抵当権に優先するのは整合性を欠くことなどがあげられる。これに対して，肯定裁判例は（最判昭和38年2月19日集民64号473頁，東京高決平成22年9月9日判タ1338号266頁，大阪高決平成23年6月7日金判1377号43頁等），民事留置権の対象となる他人の物には不動産も含まれること，商法521条の文言上は不動産を商人間の留置権の目的物から除外しておらず，留置の目的物に含まないとの解釈はとりえないこと，商人間の留置権の趣旨・目的に照らせば，債権者が債権の弁済確保のため不動産に対し商人間の留置権を行使する必要性は，動産と変わらないこと等を理由とする。

　建築請負人が請負代金債権を被担保債権として建物の敷地を目的物とする商人間の留置権を主張できるか否かについては，建物建築請負業者が土地および建物を占有していると認められることを理由に，土地および建物双方に対する商事留置権が成立するとした裁判例（東京高決平成6年2月7日判タ875号281頁）がある。これに対して，多くの裁判例（東京高決平成10年12月11日判時1666号141頁，東京高決平成11年7月23日判時1689号82頁〔百選36事件〕，前掲東京高決平成22年9月9日など）は，建物建築工事請負人による土地の使用権原は，注文主である債務者兼所有者に対してのみ主張することができるものであり，建物建築請負人は債務者兼所有者の占有補助者の地位を有するにすぎないこと等から，建物建築請負人が建物建築のために占有していた債務者占有の敷地について，商事留置権は成立しないとしている。

　③　債務者との間における商行為によって，債権者の占有に帰したものであること。

　留置権の目的物の占有を取得する行為自体は当事者間の商行為である必要はないし，占有取得の原因となった商行為が被担保債権の発生原因である商行為であることも要件ではないが，商人間の留置権が成立する，債権者に目的物の占有を取得させる原因となった行為は商人間の行為でなければならない。占有取得の原因行為の商行為性については，債権者または債務者のどちらかにとって商行為であれば足りるとする見解と，債権者にとって商行為であることを要するとする見解と，債権者が目的物を占有する原因となった行為も商人間の双方的商行為でなければならないとする見解がある。

　④　被担保債権の弁済期が到来していること（民法上の留置権と同じ）。

(2)　特約による排除

当事者の別段の意思表示（特約）によって，留置権の成立を排除することができる（商521条ただし書）。

(3)　留置権の効果

民法の一般原則（民295条以下）に従って，留置権者は債権の弁済を受けるまで目的物を留置し（同条1項），これにより生ずる果実を取得し優先的に弁済に充てることができるが（民297条），目的物を売却してその代金から優先的に弁済を受けることはできない。

商事留置権は，破産法（破66条1項）および会社更生法（会更2条10項）で特別に効力が強化されている。すなわち，債権者について破産手続開始決定後，民法上の留置権は効力を失うのに対して（破66条3項），商事留置権は特別の先取特権とみなされ（破66条1項），別除権として（破65条2項），破産手続によらずに先取特権を行使することができる（同条1項）。会社更生手続においては，商法上の留置権は更生担保権とされる（会更2条10項）。また，破産手続の開始決定により特別の先取特権とみなされる商人間の留置権の留置的効力は破産手続の開始後も存続する（最判平成10年7月14日民集52巻5号1261頁〔百選37事件〕参照）。その趣旨は，商人間における信用取引の維持と安全の確保にある。

これに対して，民事再生法においては，商事留置権を特別の先取特権とみなす旨やその他優先弁済権を付与する定めがないことから，再生手続において商事留置権には優先弁済権が付与されていないかが争われたが，会社から取立委任を受けた約束手形につき商事留置権を有する銀行は，同会社の再生手続開始後の取立てに係る取立金を銀行取引約定に基づき同会社の債務の弁済に充当することができると判示されている（最判平成23年12月15日民集65巻9号3511頁〔百選38事件〕）。

3　運送取扱人・運送人の留置権

運送取扱人は，運送品に関し，受け取るべき報酬，付随費用，運送賃その他委託者のために支出した立替金についてのみ，その弁済を受けるまで，その運送品を留置することができる（商562条）。

運送人は，運送品に関して受け取るべき運送賃，付随の費用および立替金について運送品を留置することができる（商574条・741条2項）。運送行為を完了していないために運送賃支払請求権が発生していないときは留置権は発生しない（大判昭和5年4月28日新聞3125号9頁）。また，運送人が留置権を有する場合でも，立替金または前貸金につき荷受人に対して弁済を請求することはできない（大判昭和2年4月22日

民集 6 巻203頁）。

　なお，運送取扱人，運送人は，その要件を満たす限り，一般の商人間の留置権（商521条）も有する。

第4節　有価証券

　商人間の売買において，買主に対し信用を供与する方法として，従来は，物品の引渡しを受けた買主が，代金支払のために売主を受取人とする約束手形を振り出すことが多かった。手形・小切手のほか，有価証券には，商法・会社法上の有価証券として，株券（会214条以下），社債券（会696条以下），新株予約権証券（会288条以下），新株予約権付社債券（会292条），倉荷証券（商601条），船荷証券（商757条）がある。

　有価証券の定義については，財産的価値のある私権を表章する証券であって，権利の発生・移転・行使の全部または一部につき証券を要するものであるとする説，権利の移転に証券の引渡しを要するものであるとする説など，議論がある。

1　有価証券の分類

　有価証券を権利者の指定方法によって分類すると，①記名証券，②指図証券，③無記名証券に分けられる。

(1)　記名証券

　記名証券とは，証券上に特定の者が権利者として記載されている証券をいい，記名証券は債権譲渡の方式（民467条）によって，債権譲渡の効力をもって譲渡されるが，有価証券である以上，権利の移転には証券の交付も必要とされ，権利の行使には証券の提示が必要である。記名証券には指図（裏書）が禁止された手形（手11条2項・77条1項1号），記名式小切手（小14条2項），船荷証券（商762条ただし書），倉荷証券（商606条ただし書）が含まれる。

(2)　指図証券

　指図証券とは，証券上に特定の者が権利者として記載されているが，裏書によって譲渡できる証券をいう。約束手形，為替手形，記名式または指図式小切手，船荷証券，倉荷証券は，指図（裏書）が禁止されていなければ，裏書によって譲渡できる法律上当然の指図証券である。指図証券の裏書の方式・要件・白地式裏書の効力については手形法の規定が準用されており（民520条の3，手12条・13条・14条2項），裏書の連続する証券の所持人は適法な権利者と推定される（民520条の4，手16条1項，小19条）。

(3) 無記名証券

無記名証券とは，証券上に特定の者が権利者として記載されておらず，証券の所持人が権利を行使でき，証券の交付によってのみ権利を譲渡できる証券をいい，持参人（所持人）払証券ともいわれる。持参人払式小切手（小5条1項3号）などがこれに当たる。株券は，記名式であるが，株券の交付のみによって譲渡できるので（会128条1項），無記名証券の性質を有する。

2 有価証券の善意取得

記名式所持人払証券または無記名証券については譲渡人を権利者であると善意・無重過失で信じて証券の交付によって権利を譲り受けた者（民520条の15・520条の20），指図証券については裏書の連続する証券を所持する譲渡人を権利者であると善意・無重過失で信じて裏書によってその証券を譲り受けた者（民520条の5）は，証券上の権利を取得できる。

3 有価証券の権利行使

指図証券または記名式所持人払証券もしくは無記名証券の弁済は，債務者の現在の住所（営業所）においてしなければならない（民520条の8・520条の18・520条の20）。これらの有価証券については，債務者が債権者のもとに持参して弁済することが困難だからである。

また，指図証券または記名式所持人払証券もしくは無記名証券の債務者は，その履行について期限の定めがあるときでも，その期限の到来後に所持人がその証券を提示して履行の請求をしたときから，遅滞の責任を負う（民520条の9・520条の18・520条の20）。これは，証券の提示がなければ債務を履行しなくともよいことに基づくものである。

4 有価証券の喪失

有価証券を喪失した者は（民520条の11・520条の18・520条の19第2項・520条の20），その証券に表示されている義務履行地（表示されていないときはその有価証券により義務を負担する者が普通裁判籍を有する地，普通裁判籍を有しないときはその者がその有価証券により義務を負担したときに普通裁判籍を有した地）を管轄する簡易裁判所に公示催告を申し立てることができる（非訟114条・115条・102条）。権利の届出の終期（公示催告を官報に掲載した日と権利の届出の終期までの期間は最低2か月）までに適法な権利の届出または権利を争う旨の申述がないときは，裁判所は申立人の申立てに基づき，除権決定において，その有価証券を無効とする旨を宣言し（非

訟118条1項），申立人は，証券なくして証券による権利を主張できることになる（同条2項）。

　金銭その他の物または有価証券の給付を目的とする有価証券の所持人は，その証券を喪失し，公示催告の申立てをしたときは，債務者に債務の目的物を供託させ，または相当の担保を提供してその証券の趣旨に従って履行させることができる（民520条の12・520条の18・520条の19第2項・520条の20）。これは，公示催告手続を経て除権決定を得る間に債務者の資力が悪化し，資産状態が不良となった場合に，債務者の財産の散逸を防止するためである。

　倉荷証券については，船荷証券などに比べ長期間流通する可能性があり，寄託物の利用を可能にするため，所持人は公示催告手続を経ることなく，相当の担保を提供して証券の再交付を倉庫営業者に対して請求することができることとされている（商608条）。

第4章　代金支払の決済

第1節　はじめに

　取引代金の支払またはその決済の方法は，現金による支払のほか，金融機関を通じた振込または口座振替による支払方法がその典型といえる。このほかにも，手形や小切手による支払や為替による支払などの伝統的な支払方法に加えて，今日ではB to C間取引で日常的にみられるクレジットカードを用いた支払のほか，さまざまな電子機器を活用したキャッシュレス決済の急速な進展が注目される。

　取引代金の支払は，対象とする取引がB to B間取引なのか，B to C間取引なのか，C to C間取引なのかによっていかなる方法が用いられるかはまちまちであって，代金額，支払時期，支払方法は当事者間の契約で定められるのが原則である。上記で例示したようなさまざまな方法は，いずれも取引代金を支払うための手段であることに変わりはない。

　ところで，ある取引とその代金決済とは一対一の関係で紐づけられるのが一般であり，取引代金の支払をめぐる法律関係も，そうした一対一の関係で把握されるのが原則である。しかし，取引の当事者間で反復継続して多種多様な取引が日常的に行われる場合には，個々の取引とその代金決済とを一対一の関係で把握しようとすると，そのための管理のコストの増加を招くだけではなく，代金の支払漏れや誤りといったリスクの温床にもなる。

　そこで，「ある取引とその代金決済とは一対一の関係で把握する」という原則を，たとえば，「一定期間中に同一当事者間で生じたすべての取引とそれらすべての代金決済とを全体として把握する」というように取引とその支払の時間軸とを拡張してとらえる方法─「交互計算」という─や，さらに進んで「複数の当事者が関係する複数の取引とそれらの代金決済について，すべてを全体として把握する」というように，輻輳する取引とそれらの支払に関わる当事者の軸を拡張してとらえる方法─「ネッティング」という─によって，取引代金の支払の簡便化とその安全性の確保を図ることが考えられる。

　そこで，本章では商法が規律する交互計算と，実務界の工夫によって編み出された
ネッティングを中心に解説する。

第2節　交互計算

1　交互計算の意義

　交互計算とは，
① 　商人間（B to B）または商人と非商人との間（B to C）における平常の取引に
おいて，
② 　個々の取引のつど取引代金を決済することはせず，一定の期間内に当事者間で
生じる複数の債権および債務の総額を一定期間終了時に相殺することとし，
③ 　相殺後の残額のみを一方当事者が他方当事者に支払うことを約する契約である
（商529条）。

　同一の当事者間で，平常，反復継続して多種多様な取引が行われ，当事者双方が相
互に債権債務を負担しあう場合には，代金の支払とその管理のコストの増加，代金の
支払漏れや支払誤りが懸念されるため，そうした手間暇やリスクを縮減したいという
現実的なニーズがある。そこで，一定期間終了後に期間中に生じた債権債務の総額を
一括して相殺し，相殺後の残額のみを支払って決済を終わらせることができるとすれ
ば，上記の懸念を払拭できる。

　一定期間末に相殺後の残額のみを支払うことでよいため，そのつど代金を支払う場
合との比較において，事実上，当事者間で相互に支払猶予をなす関係が生じるととも
に，必要資金をあらかじめ留保しておく必要性が低減し，期間中の資金需要にも資す
る。

　交互計算にはこうした経済的効果が認められるため，当事者相互の債権債務の対当
額については，取引の当事者は相手方に対する債権について，実質的に他の債権者に
優先して満足を受けうるという機能（担保的機能）が認められる（落合＝大塚＝山下
275頁［山下友信］）。

2　交互計算の要件

　商法が規律する交互計算の要件は，上記1①～③で述べたとおりであるが，以下で
は，これらの要件に関連して論点となる事項を検討する。

(1)　商行為性

　交互計算は，商人間（B to B）または商人と非商人との間（B to C）で平常取引が行われている場合に生じうる法律関係である。交互計算は商人にとっては付属的商行為であり（商503条），会社にとっては事業のためにする行為として商行為に当たる（会5条）。

　非商人間（C to C）の平常取引において交互計算と同様の契約関係が生じている場合であっても，商法が規律する交互計算には当たらない（弥永167頁）。

(2)　相互に債権債務を負担しあうこと

　交互計算は，商人間または商人と非商人との間の平常取引において，その当事者双方が相互に債権債務を負担しあう取引を前提としている。平常の取引があっても，一方当事者が他方当事者に対して債務のみを負担し，一方が他方に対する債権を取得することが想定されない取引には交互計算の規律は適用されない。ただし，当事者双方が相互に債権債務を負担しあう可能性がある取引であれば交互計算は成立し，一定期間末においてたまたま一方当事者にのみ債権が発生する場合であっても交互計算は成立する（近藤167頁）。

(3)　交互計算に組み入れるべき債権債務の範囲

　交互計算に組み入れるべき債権債務の範囲は，当事者が契約で自由にこれを定めることができるが，特に定めがない場合には，当事者間の平常取引で生じうるすべての債権債務が交互計算の対象となる。

　なお，交互計算は，一定期間末の債権債務の総額において相殺され決済されることを企図したものであることから，相殺による決済に適さない金銭債権以外の債権は交互計算の対象にならない。また，金銭債権であっても不法行為・不当利得・事務管理によって生じた債権や，第三者から譲り受けた債権のように，当事者間の平常取引で生じる債権以外の債権は交互計算の対象から除外される。

　このほか，消費貸借の予約による債権のようにその性質上現実の履行を要する債権や，手形そのほかの商業証券上の債権のように特別な権利行使方法が定められている債権，担保権が付された債権などは交互計算の対象にならない。

(4)　交互計算の計算期間

　交互計算の期間は，当事者が契約で自由にこれを定めることができるが，特に定めがない場合には，この期間は6か月とされる（商531条）。

(5)　古典的交互計算と段階的交互計算

上記で見たような商法が規律する交互計算を古典的交互計算とよぶのに対して，計算期間末の一括相殺ではなく，銀行の当座勘定契約のように預入や払出のような個々の取引ごとに残額が差引計算され，そのつど残額債権のみが存続する交互計算を段階的交互計算とよぶ。

古典的交互計算と段階的交互計算との相違は，後者には次に述べる交互計算不可分の原則が妥当しない点にある。

3　交互計算の効果

(1)　消極的効果——交互計算不可分の原則

交互計算は，一定期間中に当事者間の平常取引で相互に生じた個々の債権債務について，その総額を一定期間末に一括相殺した後の残額のみを決済することを合意する契約であることから，個々の債権債務はその独立性および個性を喪失し，それらの債権債務全体が不可分に融合し，交互計算に組み入れられた個々の債権を個別に行使することは認められない。同様に，個々の債務は，事実上，支払猶予の状態に置かれ，時効消滅や履行遅滞の問題も生じない。交互計算に組み入れられていないほかの債権との相殺も認められない。また，交互計算に組み入れられた個々の債権を任意に取り出して処分することもできず，個々の債権を譲渡または質入れすることもできない。これを「交互計算不可分の原則」という。

上記の法律効果は法文に明記されているわけではないが，一定の期間中に生じた当事者間の債権債務の総額を，一定期間末において一括相殺することを容認する結果として必然的に導き出されるものである。なぜならば，交互計算に組み入れられた個々の債権債務の任意の処分を認めることは，それらを一定期間終了後に一括相殺の対象とする枠組みと相容れず，このため交互計算自体が成り立たなくなるからである。

ただし，交互計算に組み入れられているとしてもそれだけで債権が消滅するわけではなく，当該債権について確認の訴えを提起したり，基礎となっている契約を解除してその債権を消滅させることは可能である（近藤168頁）。

なお，「交互計算不可分の原則」の例外として，手形そのほかの商業証券上の債権債務が挙げられる。すなわち，手形そのほかの商業証券上の債権は，特別な権利行使方法が定められているために交互計算の対象にならないと解されるところ，これらの対価たる債務は交互計算の対象となる。このため，商業証券上の債権が交互計算の対象にならないこととの権衡上，債務者が商業証券上の債務を弁済しないときは，当事者はその債務，たとえば手形割引代金債務を交互計算から除外することができる（商530条）。

⑵　「交互計算不可分の原則」の第三者効

　上記⑴で述べた「交互計算不可分の原則」は，交互計算の当事者以外の第三者にも
その効力を及ぼすか否かが問題となる。すなわち，交互計算の当事者の一方または双
方に対して債権をもつ第三者が，自らの債権を実現するために，交互計算に組み入れ
られた債権を差し押えてこれを取り立てることができるかがこの典型的な法律問題で
ある。

　伝統的な契約論からすれば，交互計算はその当事者間で締結された任意の契約であ
ることから，この効果に拘束されるのは当事者のみであり，第三者はこの契約に拘束
されることはなく，交互計算に組み入れられた債権を差し押えてこれを取り立てでき
るとする立場が考えられよう。他方，こうした伝統的な契約論の立場を認めた場合に
は，商法において交互計算が法定された意義を没却するとの反論が容易に想定される。

　この点，大判昭和11年3月11日民集15巻4号320頁〔百選64事件〕は，交互計算に
組み入れられた債権が譲渡できないことは，当事者間の譲渡禁止特約によるものと解
すべきではなく，当該債権が交互計算契約の下における取引より生じたことの当然の
結果と解すべきであるとして，交互計算契約の成立に関する第三者の善意・悪意を問
わず交互計算に組み入れられた債権に対する差押えを無効としている。

　第三者効を否定する有力説は，上記で述べたとおり，交互計算はそもそも当事者間
の契約関係にすぎず，その公示手段もないのであって，交互計算不可分の原則は当事
者のみを拘束し，善意の第三者にその効果は及ばないとする。この立場によれば，一
方当事者が交互計算に組み入れられるべき債権を任意に処分した場合であっても，他
方当事者は損害賠償請求できるにとどまるとする。というのは，債権の処分禁止とい
う効果は，結局のところ，当事者による債権譲渡禁止特約にほかならず，債権譲渡禁
止特約は平成29年改正前民法466条2項ただし書によって善意の第三者には対抗でき
ないと解されるべきであること，加えて，事実上の差押禁止財産が当事者の任意の意
思表示に基づいて創設されることは極力避けるべきであるとの価値判断をその論拠と
している。

　これに対して，通説は，交互計算は当事者間の契約関係によってその効果が生じる
とはいっても，交互計算自体の規律は支払簡便化を目的とした商法上の制度であり，
単なる任意の債権譲渡禁止の特約とは異なるとする。つまり，交互計算期間が終了し
た後は，債権者は残額債権を差し押えることができるが，交互計算の期間中にあって
は，交互計算に組み入れた債権は平成29年改正前民法466条1項ただし書にいうその
性質上譲渡性を有しない債権に当たり，これを譲渡・質入れしても無効であり差押え
もできないとする。

　通説は，継続的取引関係にある当事者間において，相互に相手方に対して負うであ

ろう債務を自己の相手方に対する債権の担保として捉える状態，すなわち交互計算における担保的機能を重視しこれを保護すべきであるとする。さらに，通説のように解しても，債権者としては，債権者代位権を行使して交互計算契約自体を解除した上で，残額債権を確定させ残額債権を差押えてこれを取り立てできる余地があり，必ずしも債権者の保護を欠くわけではないとの指摘がある（服部榮三＝星川長七編『基本法コンメンタール　商法総則・商行為法〈第4版〉』121頁［中村真澄］（日本評論社，1997年））。また，平成29年改正民法511条2項は，差押え前の原因に基づいて生じた債権であれば，差押え後に第三債務者が取得したものであっても相殺をもって差押債権者に対抗できるとして，第三債務者の相殺期待を強く保護しており，こうした改正趣旨を踏まえて通説との親和性を説く見解がある（江頭39頁）。

　以上のとおり，「交互計算不可分の原則」の第三者効は，平成29年改正民法の審議過程においてなされた議論や後述するネッティングに関する議論等も踏まえて，今日的な観点から検討することが求められる。

(3)　積極的効果

　交互計算の期間が満了し，一方当事者が債権および債務の各項目を記載した計算書を作成し，他方当事者がこれを承認した後は，当該計算書の記載に錯誤または脱漏があった場合を除いて，当事者は当該各項目について異議を述べることができなくなり（商532条），これにより債権債務関係が確定する。この趣旨は，簡易な決済方法としての交互計算関係は迅速な確定が求められる点にある。

　なお，当該計算書の記載に錯誤または脱漏がある場合には異議を述べることが認められる。通説は，計算書の記載に錯誤または脱漏があり異議を述べた場合には，交互計算外において，たとえば不当利得返還請求などの方法で争うことになると解している。また，計算書の承認行為の過程において意思表示に瑕疵がある場合には，民法の一般原則によることとなる。

　計算書の承認によって，当事者の一方に一括相殺後に生じる残額の支払債務が生じる。残額債権は従前の債権とは別個の債権であり，従前の債権に付されていた担保権は，特約がない限りは残額債権上に移転しないし，消滅時効も新たに進行することになる。

　残額債権について，債権者は，計算期間の閉鎖以降の法定利息を請求することができる（商533条1項）。なお，当事者の特約によって，当該相殺に関わる債権債務を交互計算に組み入れた日から法定利息を付すことも認められる（同条2項）。

4　交互計算の終了

　当事者はいつでも交互計算契約を解除することができ，この場合，直ちに計算を閉鎖して残額の支払を請求することができる（商534条）。当事者の一方に対し破産手続開始決定または会社更生手続開始決定がなされた場合，交互計算は終了し，当事者は計算を閉鎖して残額の支払を請求することができ，この請求権を破産者が有するときは破産財団に属することとなり，相手方が有するときは破産債権になる（破59条1項2項，会更63条）。

　交互計算期間が満了すると残額が確定するが，交互計算自体が当然に終了するわけではなく，新たな交互計算期間が開始する。すなわち交互計算期間の満了と交互計算契約の終了とは別であることに留意が必要である。

5　裁判例

　以上のとおり，「交互計算不可分の原則」の適用をめぐっては伝統的な議論の蓄積があるが，一方で，今日の取引実務において伝統的な交互計算が積極的に利用されているという事情はうかがえない。

　裁判例においても，コンビニエンスストアのフランチャイザー（本部）とフランチャイジー（加盟店）の間のフランチャイズ契約において両者相互の債権債務を定期的に清算する実務や，損害保険会社とその代理店との代理店委託契約において代理店が収受した保険料と代理店手数料とを両者間で定期的に清算する実務などの紛争において，交互計算の適用の有無をめぐる紛争が生じている程度といえる。

　たとえば，大阪高判平成14年1月31日（LEX/DB25410474）は，損害保険会社とその代理店との代理店委託契約において，代理店が収受した保険料と保険会社が代理店に支払う代理店手数料とを定期的に清算する実務が行われている場合に，交互計算の適用─交互計算不可分の原則の適用─の有無が問題となった裁判例である。

　損害保険代理店Aは被控訴人Y損害保険会社との間で損害保険代理店委託契約を締結し，Aは，Yから委託された保険種類について，Yを代理して保険料の収受など保険契約の締結等の業務を行い，YはAが取り扱った保険契約について代理店手数料を支払うことになっていた。

　控訴人XはAに対して債権を有しており，Xが，債務者をA，第三債務者をYとする債権差押命令を得て，これに基づく取立権により，Yに対し，YがAに負う代理店手数料債務の支払を求めた。

　裁判所は，損害保険代理店委託契約において定められた保険料と代理店手数料とを相殺して行う手数料債権の精算方法は，損害保険会社とその代理店との間の段階的交

互計算あるいは交互計算であり，脱法行為ということはできず，また，商法529条の合理的解釈として，交互計算不可分の原則は第三者にも主張しうるものと解するのが相当であり，損害保険代理店委託契約に基づいて発生した手数料債権は，交互計算に組み入れられるものであるから，これに対する本件差押えは許されないとして，XのYに対する請求を棄却した＊。

＊同様の事例として，損害保険代理店の債権者が保険会社に対して行った代理店手数料債権の取立請求を棄却した東京高判平成12年1月24日公刊物未登載を検討した井口浩信「損害保険代理店の代理店手数料債権に対する差押えの可否」損害保険研究63巻1号121頁（2001年）がある。

第3節　ネッティング

1　意　義

　今日の取引は一対一の取引のほか，多数の関係者が取引当事者として参加する複雑な取引形態が見受けられる。とりわけ金融機関同士やその顧客が関係者として参加するような取引は，国外の取引関係者も含めて極めて複雑な構造を有している。

　このような場合に，「複数の当事者が関係する複数の取引とそれらの代金決済について，すべてを全体として把握する」というように，輻輳する取引とそれらの支払の決済を簡便かつ安全に行うことが求められる。

　これを実現するためには，一対一の基本的な取引関係やこれまでに見た伝統的な交互計算の考え方をこえて，多数当事者間の取引実態を踏まえた制度設計が必要となる。同時に，かかる制度においては，交互計算における交互計算不可分の原則の第三者効の問題と同様に，取引当事者以外の利害関係者への影響にも配慮する必要がある。

　そこで，以下では実務界の創意工夫によって編み出されたネッティングを概説する。

2　オブリゲーション・ネッティング

　相互に債権債務を負担しあう継続的な取引関係にある当事者間において，履行期を同じくする債権債務が発生するつど，その履行期を待つことなく対当額（民505条1項他参照）で相殺を行い，残額のみの債権が存続する仕組みである。

　これは外国為替に関する銀行間取引で利用されており，当事者間の決済を確実にすべく，未履行債権を必要最小限にとどめ，債権回収のリスクを極小化することを目的としており，この法的性質は前述した段階的交互計算に当たる。

3　クローズド・アウト・ネッティング

　当事者の一方に破産等の法定倒産手続開始の申立てがあったとき，当事者間に存在する履行期が異なるすべての取引を終了させ，その時点で債権債務を確定させ，対当額を一括相殺し，残額の債権のみを残す清算方法である。

　これは金融機関の間で行われるデリバティブ取引において利用されており，当事者の一方の破綻に伴って生じうるシステミックリスクの拡大を防止するため，期限の利益喪失事由発生時点において，取引を強制的に終了せしめて清算を行うことを目的としている。

　これに関し，交互計算不可分の原則の第三者効の問題と同様に，当事者間の任意の約定によって，破産等の法定倒産手続開始の申立てをトリガーとして一括相殺することを，他の債権者に対して主張しうるかという点が問題とされていたが，基本取引契約書に基づく特定金融取引に関し，「金融機関等が行う特定金融取引の一括清算に関する法律」（いわゆる一括清算ネッティング法）によって，対当額を相殺後の残額債権のみを残して倒産手続が行われることが明文化され（同法3条），さらに，破産法等において市場の相場がある商品の取引に係る契約についても同様の手当てがなされている（破58条5項，民再51条，会更63条）。

4　清算機関による清算

　多数の当事者による取引における支払決済を確実に行うための仕組みとして，「清算機関による清算」がある。これは一対一の当事者間の直接の取引に代えて，あたかも株式や商品の売買が金融商品市場や商品市場を媒介として行われているように，各取引に清算機関を介在させて取引を行うものである。

　清算機関が当該取引に介在する法的性質は，清算機関が当該取引に関する当事者の債務の免責的債務引受を行っているものと解されている。そして，一定の約定事由が発生すると，清算機関が多数の取引当事者の債権債務について一括清算を行い，この効力は，倒産手続においても第三者に対抗できることとされている（金商156条の11の2）。

　当事者間の直接の取引の場合には，取引相手方の倒産リスクは当事者自身が負担するが，清算機関による清算を利用することによって相手方の倒産リスクは清算機関が負い，清算機関が負う損失は清算に参加する取引当事者があらかじめ定められた割合に応じて分散して負担することになる（金商156条の11の2）。

第4節　債権管理

1　債権管理の重要性

　商人はその事業規模に比例して多種多様な債権債務をかかえる。一つひとつの債権債務の額はわずかでも，それらの総額は事業経営上無視できない金額に及ぶ。

　たとえば，適切な債権管理を怠った結果，債権額を回収できない事態が生じると，これが事業の損失に直結するだけでなく，それによって経営陣の法律上の責任が生じる可能性もある。これらのことは，適切な債務の履行期管理を怠った結果，契約上または法定の遅延利息を支払わざるを得ない事態が生じる場合も同様である。

　このように，適切な債権債務の管理は，事業経営上，もっとも重要な管理事項の1つであり，事業規模によっては債権債務の管理のみを専門に取り扱う部署を設置している事業者もある。そこで，以下では債権債務の管理上特に留意すべき消滅時効期間と法定利率について概説する。

2　消滅時効期間

　平成29年改正前民法167条1項は一般的な債権の消滅時効期間を10年と定め，この特則として，同年改正前商法522条は商行為によって生じた債権の消滅時効期間を5年と定めていた（商事消滅時効）。こうした特則がおかれたのは，商事取引という性格上，より早期の決済が求められることを理由としていた。しかし，民法と商法とで消滅時効期間が異なることの合理性に疑問が投げかけられていたほか，民法と商法のどちらの消滅時効期間の規定が適用されるのか判然としないケースではこのこと自体が争点となる裁判例もあった。

　そこで，平成29年改正民法による時効制度の改正に伴い，商事消滅時効の特則は廃止され，商行為によって生じた債権も民法の規律が適用されることとなった。

　改正民法166条1項は，債権の消滅時効期間とその起算点について，

　(a)　権利を行使することができることを知った時（主観的起算点）から5年間行使しないとき

　(b)　権利を行使することができる時（客観的起算点）から10年間行使しないときの2つの消滅時効期間およびその起算点を定めている。

　(a)の主観的起算点とは，契約等において弁済期日などの期限が定められている債権の場合には当該期限が到来した時が起算点となり，期限が定められていない債権の場合には債権が成立した時が起算点となる。現実に行われている取引のほとんどは弁済

期日などの期限が定められているのが一般であって，債権者は当然に期限を知りうることから，これらの債権については，定められた期限が到来して5年を経過すると上記(a)に従い当該債権の消滅時効が完成する。

一方，過払金返還請求権（貸金業者が利息制限法の制限金利を超えて収受し続けていた利息相当額の返還請求権：民法上の不当利得返還請求権）のように，債権者（借主）自身が債権の発生を認識できない事情が認められる債権もある。このような場合には「権利を行使することができることを知った時」が一律に定まらず変動することにかんがみ，「知った時」を基準としない(b)の客観的起算点の規律が設けられている。

民法改正と同時に，職業別の短期消滅時効や商事消滅時効の特則が廃止されたことから，取引等ビジネスに関連する時効管理の明確性・簡便性が増すこととなった。

なお，生命・身体の侵害による損害賠償請求権に関しては，上記のうち(b)の消滅時効期間について，「客観的起算点から10年間」の期間が「20年間」に延伸されている（改正民167条）。消滅時効期間が延伸されているのは，生命・身体の侵害という重要な法益侵害については，一般の債権よりも期間を伸ばして被害者の救済を図る必要があると考えられるからである。

一般の債権や不法行為に基づく損害賠償請求権等の消滅時効期間およびその起算点は，下表のとおりとなる。

債　権	一般債権（民166条）	生命・身体の侵害の場合
	・主観的起算点　5年 ・客観的起算点　5年	・主観的起算点　10年 ・客観的起算点　20年（民167条）
不法行為に基づく損害賠償請求権	一般不法行為（民724条）	生命・身体の侵害の場合
	・主観的起算点　3年 ・客観的起算点　20年	・主観的起算点　5年（民724条の2） ・客観的起算点　20年

3　法定利率

(1)　法定利率の引下げ

平成29年改正前民法404条は法定利率を年5％と定め，この特則として，同年改正前商法514条は商行為によって生じた債務の法定利率を年6％と定めていた（商事法定利率）。商人であれば非商人に比べ資金をより有利に運用できるという前提認識に基づいてこうした特則がおかれていた。従来の民法と商法との法定利率の差異は合理性が乏しいと考えられたことから，平成29年改正民法による法定利率制度の抜本改正に伴い，商事法定利率の特則は廃止され，商行為によって生じた債務も民法の規律が適用されることとなった。

改正民法は，昨今の市中金利水準を勘案して法定利率を3％に引き下げた。すなわ

ち，利息を生ずべき債権について別段の意思表示がないときは，その利率は，「その
利息が生じた最初の時点における法定利率」によることとされ，改正民法施行時点で
の法定利率は年3％と定められた（民404条1項2項）。

　具体的に適用される法定利率は，「その利息が生じた最初の時点における法定利率」
によって定まることから，下記の法定利率変動制の導入に伴って生じるその後の法定
利率の変更には影響を受けない。

(2)　法定利率変動制の導入

　上記の法定利率の引下げに加えて，将来の金利水準の変動に備えて，法務省令で定
めるところに従い一定の計算式に基づいて3年ごとに法定利率を自動的に見直す法定
利率変動制を導入した（民404条）。

　3年ごとの法定利率見直しスキームの概要は下表のとおりである。

a	3年を1期とし，1期ごとにbに従って変動する。	民404条3項
b	各期における法定利率は，当期の「基準割合」（算定方法はcによる）と，直近変動期（初回は改正民法施行時の3％）の「基準割合」との差が1％以上（1％未満の端数は切り捨て）となった場合，直近変動期における法定利率に1％単位で加算または減算した割合が，当期の法定利率となる。	民404条4項
c	基準割合（法定利率の算出のために用いる利率）は，銀行が新たに行った短期貸付けの過去5年間（2年前から6年前まで）の平均利率の合計を60（＝12月×5年）で除して計算した割合（ただしその割合が0.1％未満の端数は切捨て）となる。	民404条5項

(3)　中間利息控除への影響

　平成29年改正民法による法定利率制度の抜本改正によって，中間利息の控除にも大
きな影響が生じる。

　中間利息の控除とは，将来の金銭の支払を目的とする債権の現在価値を算定する場
合に，当該債権が将来までの間に生み出す利益すなわち利息相当額を債権額から控除
して算出することをいい，具体的には，将来の債権額と債権額を一定の利率で割り戻
して算出した現在価値との差額が中間利息に当たる。

　中間利息は法定利率を用いて計算されるのが一般であるが，従来，このことに明文
の規定はなかったが，平成29年改正民法によって以下の規定が設けられた。

a	将来において取得すべき利益についての損害賠償の額を定める場合において，その利益を取得すべき時までの利息相当額を控除するときは，その損害賠償の請求権が生じた時点における法定利率による。	民417条の2第1項
b	将来において負担すべき費用についての損害賠償の額を定める場合において，その費用を負担すべき時までの利息相当額を控除するときも，aと同様とする。	民417条の2第2項

　平成29年改正民法のように法定利率が下がれば，これに伴って中間利息の控除額も低くなることから，相対的に債権者の受取額は増加する。逆に，法定利率が上がると中間利息の控除額も増えることから，相対的に債権者の受取額が減少するという関係にある。これは，将来の逸失利益が問題となる人身事故賠償の場面などで，加害行為者・損害賠償義務者や保険会社にとって大きな影響が生じることになる。

第4編◆運送営業
第1章　運送契約1：運送契約法通論

第1節　運送契約の意義

1　運送契約の意義

　経済社会において，物や人の移動サービスは非常に重要な役割を担っている。荷物をある場所から別の場所へと移動させる物品運送サービスや人が自動車，鉄道，船舶や航空機によって移動することは身近なサービスであろう。実際，荷物を送ったり，通勤・通学や旅行で各種旅客運送サービスを利用したりしたことのない人はおそらくいないと思われる。それでは，物品運送や旅客運送は法的にどのように規整されているのだろうか。

　運送とは，物や人を場所的に移動する事実行為とされる。商法は，運送する場所や運送機材によって，それぞれ陸上運送，海上運送，航空運送と定めている（商569条）。すなわち，陸上運送とは，陸上における物品または旅客の運送をいい（同条2号），陸上には地中等も含まれる（たとえば，地下鉄運送）。海上運送は，船舶による物品または旅客運送をいい（同条3号），航空運送は，航空法2条1項に定める航空機による物品または旅客の運送をいう（商569条4号）。なお，航空法2条1項にいう航空機とは人が乗って航空の用に供することができる飛行機，回転翼航空機，滑空機，飛行船その他政令で定める機器とされている。そのため，将来，ドローン等の無人航空機（航空法2条22号参照）による運送が登場したとしても，現行法では，航空運送には含まれないことになる。

2　運送契約の性質

　物品運送契約は，運送人が荷送人からある物品を受け取り，これを運送して荷受人に引き渡すことを約し，荷送人がその結果に対してその運送賃を支払うことを約する

ことによって，その効力を生じるとされる（商570条）。物品運送契約は，諾成・双務
の契約である。したがって，あくまで運送人と荷送人との間で物品の運送に関する合
意をすれば効力が生じ，運送賃の支払や運送品の引渡しは契約の効力には影響を与え
ない。また，双務契約であることから，運送人は荷送人から受け取った運送品を運送
する義務を負い，他方で，荷送人は運送賃を支払う義務を負うことになる。さらに，
運送契約は，運送という仕事の完成を目的とする契約であることから，請負契約たる
性質を有している（民632条参照）。したがって，民法の請負に関する規定も適用され
る余地がある。

【運送契約の流れ】

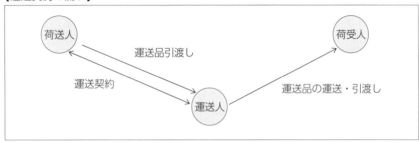

3　各運送と適用される法令・約款

　商法は，運送を陸上運送，海上運送，航空運送とに分けて規律している（商569条
2号～4号）。そして，各運送に共通する規定として，商法569条から594条が定めら
れ，他方で，海上運送に特有の規定については，商法684条以下で定められている。
しかし，運送契約に対して自足的に商法が規律しているわけでもない。たとえば，陸
上運送のうち，鉄道運送については鉄道営業法（明治33年法律第65号）や運賃その他
の運送条件を定める鉄道運輸規程（昭和17年鉄道省令第3号）が商法の特別法として
鉄道運送契約に適用される（路面電車のような軌道の場合には軌道法（大正10年法律
第76号）および軌道運輸規程（大正12年鉄道省令第4号）が適用される）。さらに，
海上物品運送で，船積港または陸揚港が日本国外にある場合には，商法の特別法とし
て国際海上物品運送法（昭和32年法律第172号）が適用される（同法1条）。また，航
空運送に特有の規定は商法上規定が置かれておらず，国際航空運送契約については，
自力執行条約として「1999年の国際航空運送についてのある規則の統一に関する条
約」（モントリオール条約：平成15年条約第6号）が適用される。
　もっとも，運送契約は，運送事業者により作成される各種運送約款によって規律さ
れることが多く（たとえば，標準貨物自動車運送約款，標準宅配便運送約款，標準貨

物自動車利用運送約款，一般乗合旅客自動車運送事業標準運送約款等），この場合には，当該約款が商法の任意規定に優先して適用される。ただし，約款規定の有効性については，民法および消費者契約法の制約を受ける（消費者契約法10条参照）。また，商法上も，一定の特約を禁止する旨の規定が存在する（たとえば，商739条2項参照）。

第2節　運送人と荷送人の権利義務

1　運送義務

　物品運送契約が締結されると，運送人は荷送人から受け取った運送品を引渡地まで運送する義務を負う。運送人は運送品の受取，運送，保管および引渡しについて一般的注意義務を負うとされ，その間において注意義務を怠った場合には，損害賠償責任を負うこととなる（商575条）。したがって，たとえば，運送人が運送途中で故意または過失により運送品を損傷し，または滅失した場合に限らず，運送品を保管中に損傷し，または滅失した場合等でも責任を負う。なお，これらの行為について他の運送人に委託することもできる（下請運送）。

2　送り状交付義務

　運送人の請求に応じて，荷送人は運送人に対して送り状を交付しなければならない（商571条1項柱書）。送り状とは，運送品の種類，発送地および到達地などの一定の事項を記載した書面であるが，これは荷送人が運送人に対して運送に必要な情報を提供するための義務として課されているものである。商法は，送り状に記載するものとして，少なくとも，①運送品の種類（同項1号），②運送品の容積もしくは重量または包もしくは個品の数および運送品の記号（同項2号），③荷造りの種類（同項3号），④荷送人および荷受人の氏名または名称（同項4号），そして，⑤発送地および到達地（同項5号）を掲げている。なお，荷送人は送り状の交付に代えて，運送人の承諾を得て，送り状に記載すべき事項を電磁的方法により提供することもできる（商571条2項）。

3　運送賃支払義務

(1)　総　説

　物品運送契約が締結された場合，運送人は商人であることから，特約がなくとも，運送人は荷送人に対して運送賃を請求することができる（商512条）。そして，運送契約は請負契約たる性質を有していることから，到達地における運送品の引渡しと同時

に運送賃を支払わなければならない（商573条1項，民633条参照）。つまり，運送賃は後払い（着払い）が原則といえよう。しかし，実務上は，運送約款に基づき荷送人が運送人に対して運送品を引き渡した段階で，運送賃を支払うことが多い（発払い。標準宅配便運送約款8条1項，標準貨物自動車運送約款31条1項参照）。

(2)　運送品の損傷・滅失と運送賃の支払

　運送品が滅失または損傷したときであっても，それが運送品の性質または瑕疵によって生じたときは，荷送人は，運送賃を支払わなければならない（商573条2項）。それでは，運送品が運送中に不可抗力によって損傷または滅失してしまった場合には運送賃の支払はどうなるのだろうか。この場合は民法536条1項に基づき運送人は運送賃を請求することができず，また運送賃を受け取っていた場合には，不当利得として返還しなければならないことになる（民703条）。

(3)　運送人の留置権

　運送人は，運送品に関して受け取るべき運送賃，付随の費用および立替金についてのみ，その弁済を受けるまで，その運送品を留置することができる（商574条）。したがって，運送賃等の支払を受けられない運送人は運送品について留置することができる。ここにいう付随の費用および立替金の例として，保険料や倉庫保管料などが挙げられる。なお，「運送賃，付随の費用及び立替金について『のみ』」と規定されていることから，商事留置権と異なり（商521条参照），運送人の留置権は民法上の留置権（民295条1項）と同様に，留置目的物（運送品）と被担保債権との個別的関連性が必要とされる。また，運送品は荷送人または荷受人の所有する物である必要もない（商事留置権に関する商法521条では，留置目的物は，債務者の物または有価証券に限定されている）。

4　荷送人の危険物通知義務

　荷送人は，運送品が危険物（引火性，爆発性その他危険性を有するもの）である場合，運送人に引き渡す前に，その旨とその運送品の品名，性質その他の当該運送品の安全な運送に必要な情報を通知しなければならない（商572条）。危険物が運送時に運送人の不適切な取扱いによって発火したり，爆発したりした場合，運送人自身だけではなく他の運送品等の荷主等に対しても重大な損害が発生する可能性があることから，荷送人が運送人に対して適切な取扱いをさせるために必要な情報を提供することを義務づけたものである。その意味で，運送人保護だけではなく公益的要請に基づくものと解されよう。もし，荷送人がこの義務に反して運送人に損害が生じた場合，荷送人

は運送人に対して債務不履行責任を負う（民415条）。さらに，義務違反により他の運送品の荷主等に対して損害を生じさせたような場合には，不法行為責任も負いうる（東京高判平成25年2月28日判時2181号3頁〔百選72事件〕参照）。なお，荷送人が危険物通知義務を怠ったものの，運送人が荷送人から受け取った運送品が危険物であると認識し，または認識できたにもかかわらず，運送品の不適切な取扱いによって損害が発生した場合には，過失相殺（民418条）による責任軽減等がありうる。

5　運送人の運送品供託権・競売権

　運送人は，荷受人を確知することができないときや，荷受人が運送品の受取を拒み，または受け取ることができない場合には，当該運送品を供託することができる（商582条1項・583条）。さらに，荷受人を確知することができない場合に，運送人が荷送人に対し相当の期間を定めて運送品の処分について指図すべき旨を催告したにもかかわらず，荷送人がその指図をしないときには運送品を競売に付することができる（商582条2項）。加えて，荷受人が運送品の受取を拒み，または受け取ることができない場合，荷受人に対して相当の期間を定めて運送品の受取を催告し，かつ，その期間の経過後に荷送人に対し相当の期間を定めて運送品の処分について催告したにもかかわらず，荷送人がその指図をしないときも，運送品を競売に付することができる（商583条後段・582条2項）。なお，損傷等により価格の低落のおそれがある場合には，催告なしに競売ができる（商582条3項）。これは，荷受人に対して運送品を引き渡す義務から運送人を解放し，かつ運送賃等を回収することを認めるための規定である。

第3節　荷受人の法的地位

　荷受人とは，到達地において自己の名をもって運送人から運送品の引渡しを受けるべき者である（なお，運送契約上の荷受人が誰であるか争われた事例として，最判昭和35年3月17日民集14巻3号451頁〔百選73事件〕）。運送契約は，前述したように運送人と荷送人との間で締結される契約であることから，荷受人は運送契約の当事者とはいえない。しかし，商法は，荷受人も，運送品が到達地に到着し，または運送品の全部が滅失したときは，物品運送契約によって生じた荷送人の権利と同一の権利の行使を認め，また荷受人は，運送品を受け取ったときは，運送人に対して運送賃等を支払う義務を負うとする（商581条1項3項）。荷受人は運送契約の当事者ではないにもかかわらず，このような権利を有し，義務を負うとする根拠については，学説上，運送契約を第三者（荷受人）のためにする契約（民537条）として考えたり，法がこのような権利や義務を特別に認めたものと説明したりするものがある。

　荷受人の権利はあくまで運送品が到達地に到着し，または運送品の全部が滅失したときに生じる。そのため，運送品が到達地に到着する前の段階においては，あくまで荷送人のみが権利を行使することができる。ここにいう荷送人の権利には，運送人に対して運送の中止，荷受人の変更その他の処分を請求することができるという運送品処分権（商580条前段）や運送人に対する損害賠償請求権（商575条）等が挙げられる。そのため，運送品が到達地に到着し，または運送品の全部が滅失すると，荷受人も運送品処分権や損害賠償請求権を行使することができるようになる。なお，運送品が到達地に到着したときとは荷受人が運送品を受け取ったときではないことに注意が必要である。あくまで運送契約によって定められた到達地を指す（商571条1項5号参照）。そのため，運送品が到達地に到着しつつも，未だ荷受人が引渡しを請求せず，または損害賠償請求をしていない段階においては，荷送人および荷受人いずれもが運送人に対して運送品処分権や損害賠償請求権を行使することができる（大阪地判昭和30年3月8日判時75号18頁参照）。ただし，荷受人が運送人に対して運送品引渡請求または損害賠償請求をした後は，もはや荷送人はその権利を行使することができなくなる（商581条2項）。

第2章　運送契約2：運送人の責任

第1節　総　説

　運送品の受取から引渡しまでの間にその運送品が滅失や損傷したり，滅失や損傷の原因が生じたり，運送品が延着したりした場合には，運送人はこれによって生じた損害を賠償する責任を負う（商575条本文）。ただし，運送人がその運送品の受取，運送，保管および引渡しについて注意を怠らなかったことを証明したときは免責される（商575条ただし書）。したがって，運送人の責任は過失推定責任といわれ，民法415条1項の特則として評価されることもある。しかし，現在の契約法学説に従うと，運送契約は運送品が滅失，損傷等した場合には運送契約によって引き受けた給付を実現できなかったということになり，民法上の債務不履行責任（民415条1項）を構成する。また，商法575条ただし書の免責事由についても民法415条1項ただし書と同様に，債務者たる運送人に証明責任が課されている。そうすると，民法に対する特則性はなく，あくまで注意規定にすぎないと考えられる。もっとも，民法415条1項ただし書に比べて，商法575条ただし書の免責事由が広くなっていることに注意が必要である。

　ところで，運送人の責任に関して，平成30年改正前商法577条では，運送人に加えて「運送取扱人又ハ其使用人其他運送ノ為メ使用シタル者」が運送等につき注意を怠った場合についても運送人が責任を負う旨が定められていた。いわゆる運送人の履行補助者の過失による責任である。伝統的な民法学説では，履行補助者の過失について，平成29年改正前民法415条後段の「債務者の責めに帰すべき事由」に「債務者の故意・過失または信義則上これと同視すべき事由」を含むと解した上で，信義則上これと同視すべき事由に履行補助者の過失を含めていた。そのため，履行補助者に過失があれば，債務不履行責任が認められると解されてきた。そのため，現在の商法575条において履行補助者の過失について文言が削除されたとしても，運送人が責任を負うとされる。しかし，近時の民法学説および平成29年改正民法415条1項ただし書の解釈においては，単に履行補助者に過失があったか否かによって運送人の責任が決まるのではなく，運送契約の趣旨に照らして免責に値するか否かにより決められるとさ

れており，その違いが今後どのような影響を及ぼすかが問題となろう。

第2節　運送人の損害賠償額

　運送人が運送品の受取から引渡しまでの間に運送品が滅失，損傷した場合に，商法575条に基づいて損害賠償責任を負うとして，その賠償額はどのように考えられるのだろうか。民法の原則に従えば，債務不履行の場合，それによって通常生ずべき損害（通常損害）に加え，当事者が特別の事情を予見すべきであったときは，その損害（特別損害）の賠償も求めることができるとされている（民416条1項2項）。たとえば，運送品の滅失のような場合，当該運送品自体の価値に加え（通常損害），運送品を荷受人が他の者に転売することが予定され，それを運送人が予見することができた場合には，その転売利益が特別損害となって，その分の賠償も求めることができる。しかし，商法は，民法416条の規定の特則として，運送品が滅失等した場合の損害賠償額を，その引渡しがなされるべき地および時における市場価格（取引所の相場がある物品については，その相場）によって定めるとする（商576条1項）。これは，大量かつ低廉な運送賃により行われている運送について特別損害についてまで賠償させると，結果的に運送人は当該賠償に備えるために，運送賃の高騰等を引き起こすことになるため，運送人の保護という観点から，損害賠償額の定型化を図ったものと説明されている。

　ここにいう「その引渡しがされるべき地及び時における運送品の市場価格」について，「引渡しがされるべき地及び時」とされているのは，「引渡しがあった地及び時」にしてしまうと，荷受人が市場価格を見越して運送品の受取りをわざと遅らせることにつながる可能性があるからである。

　ところで，この運送人の損害賠償額の定型化に関する規定は，文言上，運送品の滅失または損傷に限定されており，延着の場合は含まれていない（商575条と対比）。そのため，運送品が延着した場合については，576条1項は適用されず，民法416条が適用されることになる。しかし，平成30年改正前商法時においては，運送品が延着した場合には特別損害まで賠償しなければならない一方，損傷や滅失した場合には賠償額が制限されることになり，賠償額の著しい不均衡を認めるべき理由はなく（国際海上物品運送法8条1項参照），そのため，運送品の延着についても損害賠償額の定型化に関する規定を適用する立場も有力であった。しかし，平成30年の商法改正により，同規定は適用されないこととなったと考えられる。もっとも，実務上は運送賃を基準とする責任制限が約款などで規定されていることが多いとも指摘されている。

　それでは，もし運送品の滅失または損傷によって生じた実損額が，商法576条1項が定める価額よりも低かったような場合，運送人の損害賠償額は，実損額であるのか，

それとも576条1項により定められる価額となるのかが問題となる。たとえば，実損額が100万円で，576条1項により定まる賠償額が150万円であった場合である。この場合は，公平の見地から，あくまで576条1項により定まる賠償額になると考えられる。しかし，運送品の減失または損傷が生じても，権利者（荷送人や荷受人）に全く損害が発生していないような場合については，運送人に損害賠償責任が発生しないことから，576条1項は適用されないと解されている（最判昭和53年4月20日民集32巻3号670頁〔百選74事件〕）。たとえば，運送人が荷送人の指定した荷受人に運送品を運送せず，誤って第三者に引き渡したが，当該第三者が当該運送品のたまたま真の所有権者であったような場合で，荷送人も荷受人にも一切損害が発生していないような事案が考えられる（前掲最判昭和53年4月20日参照）。

　なお，運送品の減失または損傷により運送賃等の支払を免れた場合には，その運送賃の金額が損害賠償の額から控除される（商576条2項）。

　また，商法576条1項と2項の規定は，運送人の故意または重過失によって運送品が減失または損傷した場合については適用されない（商576条3項）。

第3節　高価品特則

　荷送人が運送人に対して高価品の運送を委託した場合に関して，商法は特別の規定を置いている。すなわち，貨幣，有価証券その他の高価品については，荷送人が運送を委託するにあたって，その種類および価額を運送人に通知しなければならないと定める。もし，荷送人が運送人に対してそれを通知しなかったときには，たとえ，その高価品に当たる運送品が減失，損傷または延着したとしても，運送人は一切の賠償責任を免れるとされる（商577条1項）。これを高価品特則ないしは高価品免責という。高価品は盗難や減失等が発生しやすく，また損害額も巨額にのぼることから，高価品であることを運送人が知らされていれば，それに対応するために，運送人は特別の注意を払うことができるし，また，保険をかけることもできるし，さらには相当の割増運賃も請求することができることから，荷送人に高価品であることを通知させることとした。逆に，荷送人が高価品であることを運送人に通知しなかった場合に，運送品が減失等したとしても，一切免責すると規定することで，高価品であることの通知を荷送人に促すインセンティブを付与する機能も有している。

　ここにいう「高価品」とは，例示されている貨幣や有価証券のほか，「容積または重量の割に著しく高価な物品」とされている（最判昭和45年4月21日判時593号87頁〔百選75事件〕）。物のサイズが小さい割に，または物の重さが軽い割に，著しく高価な物とされている。宝石類がその典型例である。したがって，裏を返せば，サイズが

大きくて価値がある物や重量があって価値のある物は高価品には当たらない（前掲最判45年4月21日は，容積および重量ともに相当巨大である「研磨機」は高価であることが一見明瞭であることから高価品ではないとした）。実際に，高価品に当たるとされたものとして，絵画（東京地判平成2年3月28日判時1353号119頁）やイラン製絨毯（東京地判平成10年5月13日判時1676号129頁）等が挙げられる。

　しかし，この高価品免責については2つの例外が存在する（商577条2項）。第一に，物品運送契約の締結の当時，運送品が高価品であることを運送人が知っていたとき，第二に，運送人の故意または重過失によって高価品が滅失，損傷または延着してしまったときである。これらに当たる場合，たとえ，荷送人が運送人に対して高価品であることを通知していなかったとしても，運送人は損害賠償責任を免れない。上記第二については，高価品の明告をしなかったという荷送人の落ち度を考えても，運送人の故意または重過失により，運送品が滅失等した場合にまで，一切の損害賠償責任を免れさせることは妥当ではないからである。ただし，荷送人の落ち度は過失相殺という形で考慮される。荷送人が運送人に対して宝石等（高価品）の運送を委託したが，高価品であることの通知をしなかった事例において，運送人の重過失により，当該運送品が滅失してしまった場合には免責が認められないとする判例がある（最判昭和55年3月25日判時967号61頁〔百選76事件〕）。

第4節　運送人の責任の消滅

　運送品の損傷または一部滅失の場合，荷受人が異議をとどめずに運送品を受け取ったときは，運送人の責任は消滅する（商584条1項本文）。したがって，荷受人が運送品を受領した際に，異議をとどめなかった場合には，もはや運送人に対して損害賠償責任を追及することはできなくなる。これは，大量の運送品を低廉な運賃で反復して取り扱う運送人にとって，運送品の状態に関する証拠を長期間にわたって保全することは困難であることから，荷受人に速やかな異議を求め，運送人が調査できるようにするためとされている。もっとも，運送品に直ちに発見することができない損傷や一部滅失があった場合には，荷受人が引渡しの日から2週間以内に運送人に対してその旨の通知を発すると，運送人の責任は消滅しない（商584条1項ただし書）。また，運送品の引渡しの当時，運送人が悪意のときも運送人の責任は消滅しない。ここにいう悪意とは「運送人が運送品に毀損または一部滅失のあることを知って引き渡した場合をいう」とされている（最判昭和41年12月20日民集20巻10号2106頁）。運送品に損害が発生しているという事実を運送人が知っていたのであれば，損害の原因等について調査の機会を持ち得たであろうし，また，運送品の損傷や一部滅失を知りながらこれ

を告げなかった場合にまで，後述の1年間の短期消滅時効を認めることは妥当でないことなどがその理由として挙げられる。なお，ここにいう運送人の悪意には，運送人の履行補助者の悪意も含まれる。ところで，運送品の全部滅失の場合には，この規定は適用されない。運送品が全部滅失した場合には，荷受人が運送品を受け取ることはないからである。

　運送品が滅失，損傷または延着した場合の運送人の損害賠償責任は，運送品の引渡しがされた日（運送品の全部滅失の場合は，引渡しがなされるべき日）から1年以内に裁判上の請求がされないときは消滅する（商585条1項）。これは運送人の責任関係を早期に確定させるための規定である。そして，この1年の期間制限は，除斥期間と解されている。もっとも，この1年の期間制限は，運送品の滅失，損傷または延着したことによる損害が発生した後においては，合意により延長することもできる（商585条2項）。なお，平成30年改正前商法では，運送人が悪意の場合には，1年の期間制限はなかったが，改正によって，その旨が削除されたことから，運送人の善意・悪意を問わず，1年の期間制限にかかる。

第5節　運送人の不法行為責任・運送人の被用者の不法行為責任

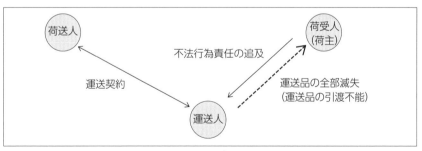

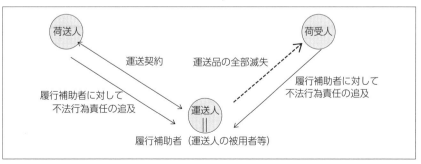

1　運送人に対する不法行為に基づく責任追及

　荷送人と運送人が運送契約を締結し，運送を委託したところ，運送人の過失により，運送品が全部滅失してしまった場合，荷送人・荷受人は運送人に対して，商法575条に基づき損害賠償責任を追及することができる。商法575条は，前述したように，民法415条の債務不履行責任と同じ性質を有し，商法576条の損害賠償額の定型化に関する規定や577条の高価品特則の規定は，575条に基づいて運送人に対して損害賠償責任を追及した場合に適用される。ところが，たとえば，運送品の所有者が荷受人であるような場合（荷主の場合），見方を変えれば，運送品に対する所有権を運送人によって侵害されたとも捉えることができる。そこで，荷主である荷受人が所有権の侵害を理由に，運送人に対して不法行為に基づく責任（民709条・715条，商690条）を追及することはできるのだろうか（請求権競合問題）。さらに，もし，できると仮定した場合，商法576条や577条等の運送人の責任を制限する規定を運送人は援用することができるのだろうか。

　まず，請求権競合問題につき，判例は，運送人の損害賠償責任について，債務不履行に基づく責任（商575条）のほか，不法行為に基づく責任が競合的に成立することを認めている（最判昭和38年11月5日民集17巻11号1510頁等）。したがって，たとえば，運送人に対しては商法575条のほか，同時に不法行為に基づく責任を追及することができるとされる（もっとも，運送品の滅失等が不法行為の要件を満たすことは必要）。それでは，運送人に対して不法行為に基づく責任を追及した場合，運送人はそれに対して商法576条（損害賠償の額）や商法577条（高価品の特則）等の規定を援用することができるのかが問題となる。

　これらの規定は，いずれも商法575条に基づく運送人の責任が追及された場合の規定であって，不法行為に基づく責任の場合には援用することができないものであると解されている。しかし，このように不法行為に基づく責任を運送人が追及されてしまう場合，上記のような損害賠償額の定型化規定や高価品特則などが援用できないのであれば，実質的に見て，それらの運送人保護規定の意義が減殺されてしまう。そこで，以下のような方策が考えられる。

　第一に，荷送人が運送人に対して不法行為に基づく責任を追及する場合には，実務上，運送契約において，運送人保護規定と同じ趣旨の規定を置き，かつ，それは不法行為に基づく損害賠償責任を追及された場合でも同様とする旨の特約が設けられていることで対処している。

　第二に，荷受人が運送人に対して不法行為に基づく責任を追及する場合はどうか。運送契約はあくまで荷送人と運送人との間の契約であって，荷受人は契約当事者でな

い以上，たとえ上記各種約款規定があったとしても，運送人は荷受人に対して対抗することができない。そこで，このような場合，判例（最判平成10年4月30日判時1646号162頁〔百選77事件〕）は，宅配便約款の責任制限条項に関する解釈において「荷受人も，少なくとも宅配便によって荷物が運送されることを容認していたなどの事情が存するときは，信義則上，責任限度額を超えて運送人に対して損害の賠償を求めることは許されない」とした。そして，平成30年改正商法は，運送人の各責任制限規定等（商576条・577条・584条・585条）を，運送品の滅失等における運送人の荷送人または荷受人に対する不法行為責任について準用する旨の明文の規定を置いた（商587条本文）。ただし，荷受人の運送人に対する不法行為責任の場合には，荷受人があらかじめ荷送人の委託による運送を拒んでいたにもかかわらず，荷送人から運送を引き受けた運送人の荷受人に対する責任については免れないという規定も設けられた（同条ただし書）。

2　運送人の被用者に対する不法行為に基づく責任追及

　荷送人または荷受人が運送人に対する不法行為責任を追及すると，運送人は各責任制限規定を援用することができる。そこで，運送人に対してではなく，運送人の被用者等（たとえば，トラックドライバーや船員等）に対して不法行為責任を追及する場合もあり得る（実際の例として，最判昭和44年10月17日判時575号71頁）。しかし，もし，運送人の責任が認められないのにもかかわらず，その被用者に対して責任追及が認められるとするならば，結局，運送人が被用者の賠償責任を肩代わりすることになることになり（もし，そうでないならば，被用者を確保することができなくなる可能性がある），また被用者に対して不法行為責任を追及しうるとなると，運送人の責任が制限される一方で，被用者には責任が認められることとなり，公平を欠くことになるからである。そこで，商法は，運送人の各責任制限規定について被用者も援用しうることとした（商588条1項）。ただし，運送品の滅失等が被用者の故意または重過失による場合には，各責任制限規定を援用することはできない（商588条2項）。

　海上物品運送契約においては，運送契約の内容として，被用者は運送人が有する運送契約上の抗弁を援用することができる旨の条項が置かれることがある。これを「ヒマラヤ条項」という。これは，ヒマラヤ号の旅客が負傷した事件において，運送人の被用者である船長等に対して損害賠償責任が追及された事案において，1954年にイギリスの裁判所が当該船長等は運送契約上の運送人の抗弁を援用することはできないとしたことをきっかけに，運送約款に運送人の被用者もまた，運送人の運送契約上の抗弁を認める条項が広く用いられるようになったことに由来するものである。

第6節　複合運送・相次運送

1　複合運送

　今や，トラックのみで，もしくは船舶のみで運送品を運送するのではなく，運送人はトラック，船舶や航空機など複数の運送モードで一貫して運送を行うこともめずらしくない。たとえば，荷送人が運送人に運送の委託をしたが，運送人が運送品をトラックおよび船舶によって運送を行うような場合である。そして，このように陸上運送，海上運送または航空運送のうち，2以上の運送を1つの契約で引き受ける運送のことを複合運送といい，その運送人のことを複合運送人という（商578条1項参照）。

　それでは複合運送の場合に，運送人が運送品を滅失等した場合には，複合運送人はどのように責任を負うのだろうか。商法は，運送のモードに応じて責任関係を規律していることから，異なった運送を一貫して引き受けた場合にはどうなるかが問題となる。商法は，このような複合運送人の責任について，それぞれの運送においてその運送品の滅失等の原因が生じた場合に当該運送ごとに適用されることとなる日本の法令または日本が締結した条約の規定に従うとする（商578条1項）。つまり，トラック運送中に運送品の滅失等の原因が生じたのであれば，陸上運送の責任に関する規定が，他方で，船舶によって運送が行われた際にその原因が生じたのであれば，海上運送の責任に関する規定が適用されることになる。なお，この複合運送人の責任規定は，同じ陸上運送であったとしても，鉄道運送のように，商法とは別の責任規定を有する場合にも準用される（商578条2項）。もっとも，複合運送契約の場合には，実務上，約款による規律が図られることになるから，実際には複合運送契約に係る約款規定によって規律されることになろう。

2　相次運送

　同じ物品を複数の運送人が相次いで運送する形態のことを相次運送という。しかし，その形にはいくつか存在する。すなわち，①1人の運送人（元請運送人）が全区間の運送を引き受け，その区間の一部または全部を他の運送人（下請運送人）に委託する形態（下請運送），②複数の運送人が独立して各区間につきそれぞれ運送契約を締結する形態（部分運送），③複数の運送人が共同で全区間の運送を引き受け，内部的に担当区間を定める形態（同一運送），そして，④最初の運送人が全区間について荷送人と運送契約を締結し，1通の送り状により，後続運送人が荷送人のためにする意思をもって運送契約に加入していく形態（連帯運送）があるという。ところで，この連

帯運送については，その意義について裁判例および学説上争いがある。通説によれば，1通の送り状によって運送が引き受けられていれば，連帯運送であると解するが，他方で，裁判例は，あくまで「数人の運送人が順次に各区間につき各自が荷送人のためにする意思を持って運送を引き受け，これら数人の運送人相互間に運送の連絡関係を有する場合」とする（東京地判平成3年3月29日判時1405号108頁。なお，大判明治45年2月8日民録18輯93頁）。すなわち，判例は1通の送り状によるかどうかというよりも，数人の運送人が各区間につき各自が荷送人のためにする意思をもって運送を引き受けたことを要件の1つとして挙げている。

　それでは，以上のような運送が行われた場合の運送人の責任はどうなるか。第一に，下請運送の場合に，運送品が下請運送人の故意または過失によって滅失等してしまったときの責任は，元請運送人の履行補助者（下請運送人）の過失に基づき，元請運送人がその責任を負うことになる。第二に，部分運送の場合に，運送品が滅失等したときの責任は，当該滅失等をした区間を担当した運送人だけが責任を負い，他の区間の運送人は責任を負わない。あくまで荷送人はそれぞれの運送人と別個独立した契約を締結したにすぎないからである。第三に，同一運送の場合に，運送品が滅失等したときの責任は，複数の運送人全員が共同で運送債務を負っている以上，運送人全員が全区間の運送について連帯責任を負う（商511条1項）。第四に，連帯運送の場合に，運送品が滅失等したときは，各運送人は，運送品の滅失等につき連帯して損害賠償の責任を負うとされる（商579条3項）。なお，陸上運送と海上運送と相次いで運送される連帯運送（海陸相次運送）の場合には，学説上は，運送契約の統一性を強調して，商法579条3項を類推適用して，陸上運送人と海上運送人とが連帯して責任を負うと解する説が有力に唱えられているが，判例はそれぞれの運送人の責任制度は，責任の免除や制限などにおいて重要な相違があることから否定的に解している（大判明治44年9月28日民録17輯535頁〔百選103事件〕）。

　ところで，下請運送のとき，元請運送人が荷受人から運送品の損傷や一部滅失につき通知を受けていたが，その時点で，下請運送人から運送品を受け取って2週間が経過していたような場合，既に運送品の引渡しの日から2週間を経過している以上，もはや下請運送人の責任は消滅しているのではないかとも考えられる（商584条1項参照）。そこで，商法は，下請運送が行われた場合，荷受人が2週間以内に元請運送人に対して通知を発したときには，元請運送人の下請運送人に対する通知は，荷受人から受けた通知を受け取った日から2週間を経過する日まで延長されたものとみなされる（商584条3項）。また，元請運送人が，運送品の引渡しのあった日（運送品の全部滅失の場合は，引渡しがされるべき日）から荷送人または荷受人から損害賠償請求をされ，もしくは裁判上の請求をされたときは，元請運送人の下請運送人に対する責任

に関する期間も，損害賠償をし，もしくは裁判上の請求をされた日から3か月を経過する日まで延長されたものとみなされる（商585条3項）。

第7節　旅客運送人の責任

1　旅客運送契約の意義

　運送人が旅客を運送することを約し，旅客がその運送の結果に対して運送賃を支払うことを約する契約のことを旅客運送契約という（商589条）。たとえば，バスやタクシーのような自動車旅客運送のほか，鉄道による鉄道旅客運送，船舶による海上旅客運送および航空機による航空旅客運送がある。旅客運送契約については商法上数か条が規定されているのみであり，実務上は各種運送約款によって規律される。

　たとえば，一般乗合自動車による旅客営業においては，一般乗合旅客自動車運送事業標準運送約款が，海上旅客運送においては，標準運送約款（旅客運送の部），鉄道旅客運送においては，旅客営業規則である。なお，これらの約款は鉄道の旅客営業規則等を除き，認可制がとられている（道路運送法11条，海上運送法9条等）。また，旅客事業それ自体，旅客輸送の安全性や利用者の保護という観点から各種事業法（道路運送法，海上運送法，鉄道事業法等）による行政規制が及ぶ。

2　旅客運送人の責任

　旅客が運送のために受けた損害（死傷や延着による損害）について，旅客運送人は損害賠償責任を負わなければならない（商590条）。ただし，旅客運送人が運送に関して注意を怠らなかったことを証明したときは，免責される（商590条ただし書）。したがって，物品運送と同様に，過失責任とされている。たとえば，責任が認められた事案として，鉄道職員による過失によって列車の衝突が生じ，多数の乗客が死傷した事例（大阪高判平成14年12月26日判時1812号3頁）や，バスの乗客がガソリンを持ち込み，それが発火して他の乗客が死亡した事案において危険品持込拒絶などの危害発生防止措置義務違反があったとされた事例（東京高判昭和30年10月31日下民6巻10号2311頁）等がある。

　平成30年改正前商法においては，損害賠償の額について，裁判所は被害者および家族の情況を斟酌しなければならない旨の規定を置いていたが，同改正により削除された。これは債務不履行の賠償範囲に関する民法416条2項の特則とされ，当事者の予見可能性の有無にかかわらず，賠償範囲を拡張するものであると説明されていた。しかし，裁判実務では，旅客運送人の責任以外の場面でも，被害者およびその家族の情

況が斟酌されており，同規定の存在が損害賠償額の算定に影響を及ぼさず，さらに損害額について旅客の予見可能性が高まるとは言い難いことから，平成30年の改正で削除されたと指摘される。

　ところで，旅客の生命・身体の侵害による旅客運送人の損害賠償責任を免除または軽減する特約は無効である（商591条1項）。旅客の人命を重視する観点から設けられた規定である。ただし，旅客の生命・身体の侵害が運送の遅延を主たる原因とするものについては免責・責任軽減特約が認められる（商591条1項かっこ書）。たとえば，列車の遅延が主たる原因で車内にて体調を崩したような場合がそれである。遅延発生の都度，旅客運送人が責任を負うことになると運送事業を阻害する可能性があるからである。さらに，大規模な火災，震災その他の災害が発生し，または発生するおそれがある場合において運送を行うときや，運送に伴い通常生ずる振動その他の事情により生命または身体に重大な危険が及ぶおそれがある者の運送を行うときも，免責・責任軽減特約が認められる（商591条2項）。これら（商591条）いずれも2項の記述は，災害発生時の運送や，疾病等があることで通常の振動（自動車，列車や船舶等の揺れ）によって重大な危険が生じる者を運送する場合を想定している。事業者に免責特約の余地がなければ運送の引受けをためらってしまうことが予想されるからである。

3　手荷物に関する責任

　旅客は手荷物を持参して，鉄道，自動車，船舶および航空機等に乗り込む。その際に，手荷物を自ら携行して乗車等するか，もしくは航空機のような場合には，手荷物を旅客運送人に託すことも少なくない（いわゆる預け入れ手荷物）。前者を携帯手荷物，後者を託送手荷物という。商法は，これら携帯手荷物および託送手荷物の滅失・損傷についての旅客運送人の責任を定めている。

　まず携帯手荷物（身の回り品を含む）が滅失・損傷した場合には，旅客が，旅客運送人の故意・過失を証明しない限り，損害賠償責任を追及することができない（商593条1項）。携帯手荷物は旅客が保管しており，基本的には自らの責任で管理することが求められているからである。なお，携帯手荷物に係る責任については，損害賠償の定型化に関する規定（商576条1項3項），運送人の責任の消滅規定（商585条1項2項），運送人の不法行為責任に関する規定（商576条1項3項・584条1項・585条1項2項）および運送人の被用者の不法行為責任に関する規定（商588条）が準用される（商593条2項）。

　他方で，託送手荷物については，たとえ旅客運送人が旅客に対して運送賃を請求しないときであっても，物品運送契約の運送人の責任と同一の責任を負うとする（商592条1項）。もし，手荷物が到達地に到着した日から1週間以内に託送手荷物を旅客

が引渡しの請求をしない場合には，旅客運送人は，その手荷物を供託し，または相当
の期間を定めて競売に付することができることなどが規定されている（商592条3項
以下）。

第3章　運送契約3：運送証券

第1節　総　説

　運送契約を締結すると，いくつかの運送書類が作成される。運送書類には，運送契約締結後の証拠のためと荷受人に運送品の内容や運送契約の条件を知らせて，その便宜を図るための送り状（商571条）や海上運送状（商770条）と，他方で，海上運送の際に作成され，運送品引渡請求権を表章する有価証券たる性質を有する船荷証券（商757条以下）がある。前者は後者と異なり，有価証券ではなく，単なる証拠証券であるとされている（大阪区判大正5年7月11日新聞1156号24頁参照）。従来は，陸上運送の場合でも，海上運送における船荷証券に相当する貨物引換証に関する規定が設けられていたが，実務上，ほとんど利用がなかったことから，平成30年の改正により削除された。

第2節　送り状・海上運送状

　送り状については，荷送人は運送人の請求により送り状を作成し交付しなければならない（商571条）。前述したように，送り状は運送契約の内容を示す一応の証拠となる。

　また，海上運送の場合には，運送人または船長は，荷送人または傭船者の請求により，運送品の船積み後遅滞なく，船積みがあった旨を記載した海上運送状を交付しなければならない。陸上運送における送り状とは反対に，運送人等が荷送人等に対して交付をしなければならない。海上運送状は送り状と同様にあくまで証拠証券であり，契約の内容を表す一応の証拠にすぎない。海上運送状には，運送品の種類等の商法758条1項各号が定める記載（ただし，同項11号が定める記載を除く）と，数通の海上運送状を作成したときは，その数を記載しなければならない（商770条2項）。

　他方で，海上運送の場合には，運送人または船長が荷送人または傭船者の請求により，有価証券である船荷証券を交付しなければならない場合もある（商757条1項）。

船荷証券が発行された場合，船荷証券に運送品引渡請求権が表章されていることから，船荷証券を所持している者が，それを呈示して運送人に対して運送品を引き渡すよう求めることができる（商764条。受戻証券性）。そのため，海上運送契約締結後，船荷証券を別送することとなる。ところが，現在，船舶の運航が従来よりも高速化したことで，船荷証券が到着するよりも前に，運送品が到達するという状況となり，逆に不便になってしまった。そこで船荷証券の代わりに海上運送状が作成されるようになったという。

第3節　船荷証券

1　船荷証券の意義と記載事項

　船荷証券（Bill of Lading, B/L）とは，海上物品運送契約の締結に付随して発行され，海上運送人が運送品の船積みまたは受取りがあったことを証明し，運送品引渡請求権が表章された有価証券である。さらに，船荷証券には当該海上運送契約の内容が記載され，その契約内容も証明するものである。船荷証券に記載された契約条件は契約当事者ではない船荷証券所持人をも拘束する。

　運送人または船長は，荷送人または傭船者の請求により，運送品の船積み後遅滞なく，船積みがあった旨を記載した船荷証券を1通または数通を交付しなければならない（商757条1項前段）。なお，複数枚の交付は船荷証券を紛失に備えるためである。船荷証券には，運送品の種類，運送品の容積もしくは重量または包もしくは個品の数および運送品の記号，外部から認められる運送品の状態，荷送人または傭船者の氏名または名称，荷受人の氏名または名称，運送人の氏名または名称，船舶の名称，船積港および船積みの年月日，陸揚港，運送賃，数通の船荷証券を作成した時はその数，そして，作成地および作成の年月日を記載しなければならない（商758条1項。要式証券性）。

　ところで，船荷証券の記載事項を一部でも欠いていた場合には，当該船荷証券は無効になるのだろうか。この点については，一般的に手形等のように厳格な要件として位置づけるべきではなく，荷送人の氏名や船舶の名称等を欠いたとしてもそれだけで無効となるものではないと考えられる（大判昭和7年5月13日民集11巻943頁）。

　運送品の種類および運送品の容積等については，荷送人または傭船者の書面等による通知があったときは，その通知に従って記載しなければならない（商759条1項）。ただし，その通知が正確でないと信ずべき正当な理由がある場合，当該通知が正確であることを確認する適当な方法がない場合や運送品の記号について運送品またはその

容器等に航海の終了の時までに判読に堪える表示がされていない場合には，その通知に従う必要はない（同条2項）。

2　船荷証券の債権的効力

　船荷証券の債権的効力とは，船荷証券記載の内容が荷送人と運送人との間の法的関係を規律するだけではなく，船荷証券所持人に対してもその法的関係を及ぼすという効力である。このことを捉えて，船荷証券は文言証券性を有するといわれる。本来であれば，運送契約の当事者は，荷送人と運送人であり，荷受人は基本的に運送契約によって定められた条件には拘束されない。しかし，船荷証券を発行した場合，船荷証券に記載された契約条件については船荷証券所持人にも及ぶのである。他方で，たとえ荷送人と運送人との運送契約において何らかの特約がなされ，それが船荷証券に記載されていない場合には，その内容を当該特約の存在を知らない船荷証券所持人に対抗することはできない（商760条）。

　ところで，船荷証券の記載事項と実際の運送品が異なるような場合には，船荷証券発行者に何らかの責任が生じるかが問題となる。船荷証券は要因証券であって，原因関係すなわち，運送契約の存在がなければならない。そうすると，たとえば，運送人が運送品を受け取ってもいないにもかかわらず，船荷証券を発行した場合（空券のケース）や，運送品が船荷証券記載の運送品の種類と全く異なるような場合や数量が不足しているような場合（品違い・数量不足ケース）に，証券発行者はどのような責任を負うのだろうか。この問題を考えるにあたっては，船荷証券の文言証券性と要因証券性という2つの性質のどちらを重視するのか，ということとも関係する。すなわち，文言証券性を重視するのであれば，船荷証券に記載されている事項に従い，船荷証券所持人は運送人に対して証券記載どおりの請求をなすことができるはずである。そうすると，実際には存在しない運送品や異なる運送品を引き渡すことができない以上，運送人の債務不履行責任が生じるという考えもありうる。他方で，要因証券性を重視するのであれば，空券のケースのような場合には，船荷証券の発行の前提となる運送契約が存在しない以上，当該船荷証券は無効となり，証券所持人は運送人に対して不法行為に基づく責任を追及しうると解する考えもあり得る。また，この考えからは品違いのケースや数量不足のケースのような場合には，運送人が実際に受け取った運送品を船荷証券所持人に引き渡せばよいということになる。この点について，学説は錯綜しているが，判例は，空券のケースでは要因証券性を重視して，船荷証券を無効とする一方（貨物引換証の事案ではあるが，大判昭和13年12月27日民集17巻2848頁〔百選80事件〕），品違いや数量不足のケースにおいては文言証券性を重視して，船荷証券記載どおりの責任を運送人に認めている（倉庫証券の事案ではあるが，大判昭和

14年 6 月30日民集18巻729頁）。

3　船荷証券の物権的効力

　船荷証券により運送品を受け取ることができる者に船荷証券を引き渡したときは，その引渡しは，運送品について行使する権利の取得に関しては，運送品の引渡しと同一の効力を有する（商763条）。この規定は，船荷証券の物権的効力を示したものと解されている。ここにいう物権的効力は，船荷証券を引き渡すと，運送品そのものの引渡しとほぼ同じ効力を有するという意味であって，当該運送品に対する物権が成立すると考えるものではない。これに関連して，船荷証券を善意取得した者がいる一方で，運送品を直接取得した者が別にいたときに，どちらの権利が優先するかという問題がある。判例によれば，後者が優先することになる（大判昭和 7 年 2 月23日民集11巻148頁〔百選82事件〕）。

第4節　複合運送証券

　運送人または船長は，陸上運送および海上運送を 1 つの契約で引き受けたときは，荷送人の請求により，運送品の船積み後遅滞なく，船積みがあった旨を記載した複合運送証券の 1 通または数通を交付しなければならない（商769条 1 項）。これは，陸上運送と海上運送とを 1 つの契約で引き受けた場合には，船荷証券ではなく複合運送証券を発行することを定めたものである。複合運送証券の効力等については船荷証券の項目（**第3節**）を参照のこと（商769条 2 項参照）。

第4章　運送取扱営業

第1節　運送取扱営業の意義

　運送取扱営業を行う者を運送取扱人という。運送取扱人とは，運送人を選択し，自己の名をもって運送契約を締結する者をいう（商559条1項）。より具体的にいえば，荷送人が運送取扱人に運送品を引き渡し，運送取扱人が当該運送にとって適した運送をする運送人を選び，運送契約を締結する。運送取扱営業は荷送人と運送人とを取り次ぐ営業であることから，問屋の性質を有するものである。したがって，商法で特別に規定されている事項以外は，問屋に関する規定が準用される（商559条2項）。

　運送取扱営業は，委託者の計算において（運送契約によって生じる利益は委託者である荷送人に帰属し），自己の名をもって（運送取扱人が権利義務の主体となる）運送人と運送契約を締結することから，単に，荷送人と運送人とを媒介する仲立人とはその点において異なる。また，運送契約の取次ぎを行うことから，物品の販売または買入れの取次ぎを行う問屋とも異なる。そのため，運送取扱人は準問屋たる性質を有している。しかしながら，運送取扱営業は運送営業の取次ぎという点で，運送営業の一部をなすものであることから，準問屋に関する規定とは別に規定が置かれている。なお，運送取扱営業は，物品運送の取次ぎを行うことから，旅客運送の取次ぎを行うことはできない。

第2節　運送取扱人の権利

1　運送取扱人の報酬請求権・留置権

　運送取扱人は，取次ぎをなすことを業とする者であることから商人となる（商502条11号・4条1項）。したがって，特約がなくとも当然に報酬を請求することができる（商512条）。そして，運送品を運送人に引き渡したときに，直ちにその報酬を請求することができる（商561条1項）。なお，運送取扱契約で報酬額を定めた場合には，

特約がない限り，別に報酬を請求することはできない（同条2項）。もし，運送品に関して受け取るべき報酬，付随の費用および運送賃その他の立替金について弁済を受けられなければ，弁済を受けるまで，その運送品を留置することができる（商562条）。通常，問屋の留置権においては被担保債権と留置目的物との間に牽連関係はいらないとされているが（商557条・31条参照），運送取扱人の留置権については運送品に関する報酬等とされていることから牽連関係が要求されている。

なお，運送取扱人の報酬請求権や費用償還請求権は，これを行使することができる時から1年間行使しないときは，時効によって消滅する（商564条・586条）。

2　運送取扱人の介入権

運送取扱人は，荷送人から引渡しを受けた運送品について，運送人を選択して，取り次ぐことを業とするものであるが，特約がなければ，取り次がずに運送取扱人自ら運送を引き受けることも認められている（商563条1項前段）。これを運送取扱人の介入権という。運送取扱人が介入権を行使した場合，運送人と同一の権利義務を有する（同項後段）。したがって，運送取扱人は，その地位に加えて運送人たる地位も有することとなることから，報酬請求権や費用償還請求権のほか，運送賃も請求することができる。なお，運送取扱人が委託者の請求によって船荷証券や複合運送証券を作成したときは，運送人として擬制される（同条2項）。本来，船荷証券や複合運送証券は，運送人等が作成するものとされているからである（商757条1項・769条1項）。

運送取扱人が介入権を行使して，自ら運送をするとなった場合に，運送を別の運送人に委託すると，当該運送人は運送取扱人の履行補助者となる。そのため，運送人の故意または過失によって運送品が滅失・損傷・延着した場合には，運送取扱人がその責任を負うことになる。

第3節　運送取扱人の責任

運送取扱人は，運送品の受取から荷受人への引渡しまでの間に，その運送品が滅失・損傷し，もしくは滅失・損傷の原因が生じ，または延着したことによって生じた損害を賠償しなければならない（商560条本文）。もっとも，運送取扱人がその運送品の受取，保管および引渡し，運送人の選択その他の運送の取次ぎについて注意を怠らなかったことを証明したときは免責される（同条ただし書）。たとえば，荷受人が運送品の受取を拒んだ場合に，荷送人に通知することもないまま，荷受人以外の者に運送品を引き渡した場合に，運送取扱人は注意を怠ったとして責任が認められた事例がある（最判昭和30年4月12日民集9巻4号474頁）。なお，運送取扱人の注意の内容は，

あくまで取次ぎに関する注意であって，運送人の責任についてまで責任を負うわけではない。

　ところで，運送取扱人については物品運送に関する規定が準用される（商564条）。そのため，運送取扱人は運送人に対して，運送品が危険品であることを通知しなければならないし（商572条），運送品が高価品であるのであれば，その旨を通知しなければならない（商577条）。また，運送取扱人やその被用者に対して不法行為に基づく損害賠償請求がなされた場合についても運送人の場合と同様である（商587条・588条）。ただし，ここで注意すべきは，損害賠償額の定型化に関する規定については準用されていないことである。したがって，運送品が滅失・損傷した場合の損害賠償額は民法の一般原則（民416条）によることになる。

第5編◆倉庫営業・場屋営業

第1章　倉庫営業

第1節　倉庫営業の意義

1　意　義

　倉庫営業者とは，他人のために物品を倉庫に保管することを業とする者であり（商599条），かかる業を倉庫営業という。倉庫営業は，営業的商行為の1つである寄託の引受け（商502条10号）に該当し，寄託契約をベースとしている（民657条）。そして，倉庫営業者は，寄託の引受けを業とする商人である（商4条1項）。

　商法は，倉庫営業者の定義をするとともに，倉庫営業者の権利義務と責任，倉庫証券に関する事項を記載する。倉庫営業に関する法規制としては，これとは別に，倉庫営業についての業法的規制については，倉庫業法が存在する。同法は，倉庫業の適正な運営を確保し，倉庫の利用者の利益を保護するとともに，倉荷証券の円滑な流通を確保することを目的とする法律であり（倉庫業法1条），倉庫，倉庫業を定義するとともに（同法2条1項2項），トランクルーム（同条3項）に関する認定制度（同法25条以下）につき規制を置く。さらに倉庫営業に関しては，各種の約款が存在するので，倉庫に関する規制を調べるには，これらも見ておく必要がある。

2　機　能

　倉庫営業における倉庫の保管は，運送営業における運送が，物品をA地点からB地点まで「物理的」「空間的」に移動させるものに対し，物品をA時点からB時点まで「時間的」に移動させるものである。その意味で両者は，ともにロジスティクス業の一種であり，類似した機能を有している。このことから，倉庫営業に関する規制は，運送営業に関する規制と類似している。

3　倉庫業法における定義

　倉庫業法は，倉庫，倉庫業等に関し，いくつかの定義づけをしているので，ここで
それらにつき見ておきたい。

①	倉　庫	物品の滅失もしくは損傷を防止するための工作物または物品の滅失もしくは損傷を防止するための工作を施した土地もしくは水面であって，物品の保管の用に供するもの（倉庫業法2条1項）
②	倉庫業	寄託を受けた物品の倉庫における保管＊を行う営業（同条2項）
③	トランクルーム	その全部または一部を寄託を受けた消費者の物品の保管の用に供する倉庫（同条3項）

　＊保護預りその他の他の営業に付随して行われる保管または携帯品の一時預りその他の比
　　較的短期間に限り行われる保管であって，保管する物品の種類，保管の態様，保管期間
　　等からみて倉庫業法6条1項4号の基準に適合する施設または設備を有する倉庫におい
　　て行うことが必要でないと認められるものとして政令で定めるものを除く。

第2節　登　録

　倉庫営業者は，倉庫業を営もうとする場合，国土交通大臣の行う登録を受けなけれ
ばならない（倉庫業法3条）。登録に係る詳細は，倉庫業法が規定する（同法4条〜
7条・11条・23条・24条）。

第3節　倉庫寄託契約と約款

1　倉庫寄託契約

　倉庫寄託契約は，民法の寄託契約の1類型である（民657条以下）。平成29年改正前
民法上，典型契約である寄託契約は，要物契約として規定されていたが，現行法は，
諾成契約としての規律になっている。商法は，第2編第9章で「寄託」についての規
定を置いている。それらは，場屋営業者についての規律を含む他，寄託契約に関する
民法の特則を規定する。

2　倉庫寄託約款

　倉庫業法は，倉庫営業者（倉庫業法では倉庫業者）に対し，倉庫寄託約款を定め，
その実施前・変更時に，国土交通大臣に届け出るべき旨規定する（倉庫業法8条1項
3項）。国土交通大臣は，倉庫寄託約款が寄託者または倉荷証券の所持人の正当な利

益を害するおそれがあると認めるときは，倉庫営業者に対し，期限を定めてその倉庫寄託約款を変更すべきことを命ずることができる（同条2項）。

　倉庫業法に基づき標準倉庫寄託約款が策定されている。標準倉庫寄託約款には，次の5種類がある。このうち，甲とあるのは，倉庫証券を発行する発券倉庫業者向けのもの，乙とあるのは，倉庫証券を発行しない非発券倉庫業者向けのものである。以下の記述では，必要に応じ，標準倉庫寄託約款（甲）の規制を紹介する。

1	標準倉庫寄託約款（甲）
2	標準倉庫寄託約款（乙）
3	標準冷蔵倉庫寄託約款（甲）
4	標準冷蔵倉庫寄託約款（乙）
5	トランクルーム標準約款

3　倉庫営業者の義務

(1)　目的物の保管義務

①　注意義務の程度

　倉庫営業者は，倉庫寄託契約に基づき，目的物の保管義務を負う。民法上，無報酬の受寄者の注意義務は，「自己の財産に対するのと同一の注意をもって保管する義務」に軽減されているが（民659条），倉庫営業者は商人であり（商502条10号・4条1項），倉庫営業者が倉庫寄託契約に基づき目的物を預かることは，「営業の範囲内において寄託を受けた場合」に該当する（商595条）。この場合，倉庫営業者は，報酬を受けると否とにかかわらず，善良な管理者の注意をもって，寄託物を保管しなければならない（同条）。

②　付保義務

　倉庫業法は，倉荷証券を発行する場合，保管に際し，所定の場合に，火災保険に付する義務を定めている（倉庫業法14条）。これを受け，標準倉庫寄託約款（甲）は，付保義務につき詳細な規定を置く（同約款第7章）。

③　再寄託，保管場所の変更

　倉庫営業者は，寄託者の承諾を得なければ，寄託物を使用することができないし（民658条1項），寄託者の承諾を得たとき，またはやむを得ない事由があるときでなければ，寄託物を第三者に保管させること（再寄託）ができない（同条2項）。再寄託が認められた場合，再受寄者は，寄託者に対して，その権限の範囲内において，受寄者と同一の権利を有し，義務を負う（同条3項）。

　また，倉庫営業者は，正当な事由がなければ保管場所の変更ができない（民664条

ただし書参照）

④ 通知義務

寄託物について権利を主張する第三者が受寄者に対して訴えを提起し，または差押え，仮差押えもしくは仮処分をしてきた場合，倉庫業者は，遅滞なくその事実を寄託者に通知しなければならない（民660条1項本文）。ただし，寄託者がすでにこれを知っているときは，この限りでない（同項ただし書）。

(2) 倉荷証券の交付義務

倉庫営業者は，寄託者の請求により，寄託物の倉荷証券を交付しなければならない（商600条）。倉荷証券については，第6節で後述する。

(3) 帳簿記載義務

倉庫営業者は，倉荷証券を寄託者に交付したときは，その帳簿に所定の事項を記載しなければならない（商602条）。交付された証券の状況を明らかにするための規制である。

(4) 寄託物の点検等に応じる義務

寄託者または倉荷証券の所持人は，倉庫営業者の営業時間内は，いつでも，寄託物の点検もしくはその見本の提供を求め，またはその保存に必要な処分をすることができるため（商609条），受寄者である倉庫営業者は，これらに応じる義務を負っている。

(5) 目的物の保管期間（返還時期）および返還義務

倉庫営業者の返還義務は，返還時期（保管期間）の定めの有無によって規制を異にする。

① 保管期間の定めがある場合

倉庫営業者は，その定めに拘束され，やむを得ない事由がなければ，その期限前に返還をすることができない（民663条2項）。標準倉庫寄託約款（甲）では，受寄物の保管期間は，3か月とされている（同約款20条）。

② 保管期間の定めがない場合

倉庫営業者は，やむを得ない事由があるときを除き，寄託物の入庫の日から6か月を経過した後でなければ，その返還をすることができない（商612条）。民法の原則によると，受寄者は，いつでも目的物の返還をできるはずであるが（民663条1項），これでは寄託者に在庫管理の手間等余計な負担がかかってしまう。商法は，寄託者保護のため特則を設けたのである。

③ 返還の場所

寄託物の返還は，その保管をすべき場所でしなければならないのが原則であるが，倉庫営業者が正当な事由によってその物を保管する場所を変更したときは，現在の場所で返還をすることができる（民664条）。

④ 返還の相手方

倉荷証券が作成された場合とそれ以外の場合とで規制を異にする。

(i) 倉荷証券が作成された場合

倉庫営業者は，倉荷証券と引換えでなければ，寄託物の返還を請求することができない（商613条）。この場合，返還の相手方は，必然的に，倉荷証券の所持人ということになる。「引き換え」が要求されているのは，倉荷証券に受戻証券性があるからである。

倉荷証券と引き換えでなく目的物を返還した場合，特別の事情がない限り，倉荷証券所持人が受けた損害を賠償しなければならない（大判昭和8年2月23日民集2巻449号）。

(ii) それ以外の場合

返還の相手方は，原則として，寄託者である。倉庫営業者は，第三者が寄託物について権利を主張する場合であっても，寄託者の指図がない限り，寄託者に対しその寄託物を返還しなければならない（民660条2項本文）。寄託者にその寄託物を引き渡したことによって第三者に損害が生じたときであっても，倉庫営業者は，賠償の責任を負わない（同条3項）。この場合，第三者に対し返還してしまうと，寄託者に対する返還義務が履行不能となり，倉庫営業者は，寄託者に対し，損害賠償責任を負わなければならない（なお，倉庫営業者が目的物を第三者に返還したため，返還義務が履行不能になったが，当該第三者が当該目的物の真の所有者であったという事案につき，寄託者に損害が発生しなかったという事案につき，倉庫営業者の賠償責任を否定したものとして，最判昭和42年11月17日判時509号63頁〔百選94事件〕がある）。

ただし，目的物を第三者に引き渡すべき旨を命ずる確定判決（確定判決と同一の効力を有するものを含む）があったときには，当該第三者に対し返還をしなければならない（同条2項ただし書）。

⑤ 寄託者の返還請求権

寄託者は，返還時期の定めの有無にかかわらず，いつでもその返還を請求することができるが（民662条1項），倉庫営業者は，返還時期前の返還請求により損害が生じた場合，寄託者に対し，賠償を請求することができる（同条2項）。

(6)　差別的取扱いの禁止

　倉庫業法は，倉庫営業者が特定の利用者に対して不当な差別的取扱いをしてはならない旨規定する（同法10条）。

第4節　倉庫営業者の責任

1　原　則

　倉庫営業者は，寄託物の保管に関し注意を怠らなかったことを証明しなければ，その滅失または損傷につき損害賠償の責任を免れることができない（商610条）。保管に関する注意は，倉庫営業者のみならずその使用人に関するものも含む。平成30年改正前商法は，このことを明文で定めていたが（同年改正前商617条），現行法にはかかる文言がない。民法における履行補助者の故意過失論の発展を踏まえ，当然のこととして，規定を置かなかったものと解される。商法610条は，無過失の証明責任が倉庫営業者に課されていることを明らかにしているが，これは債務不履行における民法の一般原則を注意的に具体化したものである。

　ここでいう滅失は，物理的な滅失のみならず目的物の返還不能をも含む（最判昭和42年11月17日判時509号63頁〔百選94事件〕）。

　標準倉庫寄託約款（甲）は，「寄託者又は証券所持人に対して当会社が賠償の責任を負う損害は，当会社又はその使用人の故意又は重大な過失によつて生じた場合に限る。」（同約款38条1項），「当会社に対して損害賠償を請求しようとする者は，その損害が当会社又はその使用人の故意又は重大な過失によつて生じたものであることを証明しなければならない。」（同条2項）とそれぞれ規定する。これは，履行補助者の故意過失が含まれることを明示するとともに，帰責事由から軽過失を除外し，その証明責任を，法の規定とは逆に請求者（寄託者等）に転換するものである。

2　内容不知約款とその有効性

　内容不知約款とは，目的品の内容・個数・重量・数量等が正確か否かについて倉庫営業者が不知であり，一切の責任を負わない旨を定めた約款をいう。

　最判昭和44年4月15日民集23巻4号755頁〔百選95事件〕は，倉庫証券約款として，「受寄物の内容を検査することが不適当なものについては，その種類，品質および数量を記載しても当会社（被上告人）はその責に任じない」旨の免責条項の記載があったという事案につき，「右免責条項の効力を認めたうえ，倉庫営業者は，該証券に表示された荷造りの方法，受寄物の種類からみて，その内容を検査することが容易でな

く，または荷造りを解いて内容を検査することによりその品質または価格に影響を及ぼすことが，一般取引の通念に照らして，明らかな場合にかぎり，右免責条項を援用して証券の所持人に対する文言上の責任を免れうると解すべきものとした原審の判断，ならびに原審の確定した事実関係……に照らせば，本件各証券に表象された木函入り緑茶は，その荷造りの方法および品物の種類からみて，一般取引の通念上，内容を検査することが不適当なものに該当する旨の原審の判断は，ともに正当として是認しうる」旨判示した。この判示は，内容不知約款の効力を限定解釈し，「内容を検査することが容易でなく，または荷造りを解いて内容を検査することによりその品質または価格に影響を及ぼすことが，一般取引の通念に照らして，明らかな場合」に限って有効と認める趣旨であると解される（容易に点検できるにもかかわらず，包装すら点検せずに，寄託者の申出のみに頼った場合に，免責を認めなかったものとして，大判昭和14年6月30日民集18巻729頁）。

3　標準倉庫寄託約款（甲）における免責条項

　標準倉庫寄託約款（甲）は，免責事項につき，次のとおりの規定を置く（同約款40条・41条）

第40条（免責事項）

　次の損害については，当会社は，その責任を負わない。

(1)　地震，津浪，高潮，大水，暴風雨，気候の変遷，爆発，戦争，事変，暴動，強盗，労働争議，そ害，虫害，貨物の性質若しくは欠かん，荷造の不完全，徴発，防疫その他抗拒又は回避することのできない災厄，事故，命令，処置又は保全行為によつて直接と間接とを問わず生じた損害

(2)　決定された損害てん補額こえる火災による損害及び寄託者の申出によつて火災保険に付けなかつた受寄物の火災による損害

(3)　寄託者又は証券所持人に対して行う引取の請求に定めた期限後において当該受寄物について生じた損害

第41条（内容不検査貨物に関する免責）

　当会社は，受寄物の内容を検査しないときには，その内容と証券に記載した種類，品質又は数量との不一致については，責任を負わない。この場合においては，受寄物の内容を検査しない旨又はその記載が寄託者の申込による旨を証券面に表示する。

4　倉庫営業者の責任の消滅事由

　商法は，寄託者または倉荷証券の所持人が異議をとどめないで寄託物を受け取り，かつ，保管料等を支払ったときに倉庫営業者の責任が消滅する旨規定する（商616条）。運送契約におけるのとほぼ同様な規制である（商584条参照）。

5　倉庫営業者の責任に係る債権の消滅時効

　商法は，倉庫営業者の責任に係る債権の消滅時効（寄託物の出庫の日から1年）につき規定する（商617条）。これも運送契約におけるのとほぼ同様な規制である（商585条参照）。

第5節　倉庫営業者の権利

1　保管料支払請求権

　倉庫営業者は，特約の有無にかかわらず，寄託者に対し，相当な範囲内で，報酬として保管料を請求することができる（商512条）。保管料は，通常，保管料表に従い，契約で定められる。倉庫業法は，倉庫営業者が，保管料その他の料金（消費者から収受するものに限る），倉庫寄託約款，倉庫の種類その他の事項を営業所その他の事業所において利用者に見やすいように掲示しておかなければならない旨規定する（同法9条）。

　商法は，①保管料の支払時期につき，倉庫営業者は，寄託物の出庫の時以後でなければ請求することができない旨，②寄託物の一部を出庫するときは，出庫の割合に応じて，その支払を請求することができる旨をそれぞれ規定する（商611条）。ただし，契約で別段の定めをすることを排除する趣旨ではない。標準倉庫寄託約款（甲）では，保管料の支払時期を「当会社の定めた日」と定めている（同約款48条1項）

　なお，倉荷証券が発行された場合において，倉荷証券所持人が支払義務者になるかについては，見解が分かれている。最判昭和32年2月19日民集11巻2号295頁〔百選96事件〕は，倉荷証券に保管料等寄託物に関する費用は証券所持人の負担とする趣旨の文言の記載がある場合において，第三者が裏書譲渡によりその倉荷証券を取得したときは，特段の事情のないかぎり，各当事者間にその所持人が記載の文言の趣旨に従い費用支払の債務を引き受けるという意思の合致があるものと解するのを相当とする旨判示している。

2　費用償還請求権

　倉庫営業者は，費用についても償還請求をすることができる（民665条・650条）。支払時期については，保管料につき述べたことと同様である（商611条）。

　標準倉庫寄託約款（甲）は，保管料，荷役料，その他の費用，立替金および延滞金の支払を受けない間は，出庫の請求に応じないことができる旨規定している（同約款25条1項）。

3　目的物の供託および競売権

　倉庫営業者は，寄託者または倉荷証券の所持人が寄託物の受領を拒み，またはこれを受領することができない場合，目的物を供託し，または相当の期間を定めて催告をした後に競売に付することができる（商615条・524条1項2項）。

　標準倉庫寄託約款（甲）は，上記の他，任意売却についても規定を置いている（同約款31条）。

第6節　倉荷証券

1　倉荷証券の意義

　商法は，倉庫寄託中に，目的物を処分（譲渡，質入れ等）することを可能にするため，倉荷証券についての規定を置いている。ここに倉荷証券とは，倉庫寄託契約から生じる倉庫営業者に対する目的物返還請求権を表章した有価証券である。ちょうど，海上運送契約において，運送中に目的物の処分を可能にするため船荷証券が発行されるのとパラレルな法律関係である。

　平成30年商法改正前は，倉荷証券の他に，預証券（所有権移転のためのもの），質入証券（質入れのためのもの）という有価証券が認められていた（複券主義）。しかしこれらはほとんど利用されていなかったので，現行商法は，これらを廃し，倉荷証券に一本化した（単券主義）。

　倉荷証券が用いられるのは，商品取引所の上場商品の受渡しの場面がほとんどである。その他の寄託目的物の引渡しについては，前記の荷渡指図書が利用される（**第3編第2章**参照）。

2　倉荷証券の発行

　倉荷証券は，倉庫営業者が発行する。倉庫業法は，国土交通大臣の許可を受けた倉

庫営業者でなければ，倉荷証券を発行してはならないものとし（同法13条・22条），違反につき罰則の制裁を科している（同法29条4号5号）。

　倉庫営業者は，寄託者の請求により，寄託物の倉荷証券を交付しなければならない（商600条）。倉荷証券の記載事項は，倉庫営業者の署名または記名押印の他，次のとおりである（商601条）。

1	寄託物の種類，品質および数量ならびにその荷造りの種類，個数および記号
2	寄託者の氏名または名称
3	保管場所
4	保管料
5	保管期間を定めたときは，その期間
6	寄託物を保険に付したときは，保険金額，保険期間および保険者の氏名または名称
7	作成地および作成の年月日

　また，倉庫営業者は，倉荷証券の所持人からの請求により，同人に対し，寄託物の分割およびその各部分に対する倉荷証券を発行し，交付しなければならない（商603条）。

3　倉荷証券の性質

　倉荷証券は，有価証券として，要式性（商601条），法律上当然の指図証券性（商606条），受戻証券性（商613条）を有する。倉荷証券は，すでに発生している目的物返還請求権を証券上に結合させたもの（債権的証券）なので，性質上，要因証券であり，原因関係とは別に証券作成により権利が発生する手形・小切手のような設権証券性を有しない。これらの概念の詳細な説明は，「支払決済法」（商事法講義3）を参照されたい。以下では，倉荷証券固有の問題についてのみ解説する。以下の議論は，おおむね船荷証券に対しても妥当する（第4編第3章第3節参照）。

4　倉荷証券の債権的効力

　倉荷証券は，前記のとおり要因証券であるが，商法は，「倉庫営業者は，倉荷証券の記載が事実と異なることをもって善意の所持人に対抗することができない」と，倉荷証券が文言性を有する旨規定する（商604条）。これを倉荷証券の債権的効力という。

　設権証券，無因証券である手形・小切手は，原因関係と無関係に権利内容を確定する必要上，当然に文言性を有するが，要因証券である倉荷証券の場合，現実の目的物の状況を無視することができない。そこで，両者の間をいかに橋渡しするかが問題となる。具体的には，品違いの場合（倉庫営業者が受け取った目的物と倉荷証券上の記

載とが違っている場合），空券の場合（実際には，目的物を受け取っていないにかかわらず，倉荷証券が発行されている場合）における法的取扱いが議論される。

　判例は，品違いの場合には文言性を重視し，倉庫営業者に対し，証券記載の目的物を引き渡せないゆえに債務不履行責任を認める一方（大判昭和11年2月12日民集15巻357頁），空券の場合には，要因性を重視し，証券を無効とする（大判昭和13年12月27日民集17巻2848頁〔百選80事件〕）。証券が無効とされた場合，倉庫営業者は，損害を被った者に対し不法行為責任を負うことになる。

　他方，学説をみると，一応目的物の受取りがある品違いの場合と全く受取りがない空券の場合は事情が異なり，両者を区別するのは妥当であるとして，判例の立場を是認する見解もある一方，それとは異なる多様な見解が主張されている。大別すると，文言性を重視し，両方の場合とも債務不履行責任の成立を認める立場，逆に，要因性を重視し，両方の場合とも証券を無効とする立場，禁反言則に基づき，善意の取得者を保護すべきとする立場等に分かれる。

5　物権的効力

　倉荷証券が作成されたときは，寄託物に関する処分は，倉荷証券によってしなければならず（商605条：処分証券性），倉荷証券により寄託物を受け取ることができる者に倉荷証券を引き渡したときは，その引渡しは，寄託物について行使する権利の取得に関しては，寄託物の引渡しと同一の効力を有する（商607条）。後者を倉荷証券の物権的効力という。物権的効力とは，債権的証券にすぎない倉荷証券に与えられた特殊の効力である。これにより，倉荷証券の譲受人は，目的物の所有権移転を第三者に対抗できることとなる。

　物権的効力については，民法の占有との関係をどう説明するかが問題とされる。考え方としては，民法の占有移転の規定とは別の特別の占有移転方法と考える見解（絶対説）と目的物の引渡請求権を介し，証券所持人が目的物に対し間接占有を有し，物権的効力はこの間接占有の移転であると考える見解（相対説），そもそも物権的効力の存在意義を否定する見解等がある。

第2章　場屋営業

第1節　場屋営業の意義

　商法は，「客の来集を目的とする場屋における取引」を営業的商行為の1つとして規定するとともに（商502条7号），場屋営業者の責任につき，いくつかの規定を置く（商596条～598条）。ここに旅館，飲食店，浴場その他の客の来集を目的とする施設を場屋（じょうおく）といい，場屋における取引をすることを業とする者を場屋営業者という（商596条1項）。旅館，飲食店，浴場とあるのは例示であり，かみくだいていうと場屋営業とは，「ハコモノビジネス」を指す。すなわち，客を寄せつける「ハコモノ」を用意した上で，その「ハコモノ」の集客力を集金力に代えていこうというビジネスモデルといってよい。たとえば，遊園地は，園内のジェットコースター，観覧車等のアトラクションで客を引き寄せ入場料を稼ぐのである。このことを判例は，客に一定の設備を利用させることを目的する取引と表現する（大判昭和12年11月26日民集16号1681頁。ただし，この判決は，理髪店が場屋営業であることを否定する。学説は一致して反対）。

　場屋営業にかかる契約は，種々の複合的要素からなる。たとえば，飲食店については，飲食物の提供という側面（安く仕入れた食材を（加工して）料理として高く売るとみると，投機購買（商501条1号）または加工（商502条2号）とみることが可能である）が，旅館については宿泊という側面（部屋の賃貸借）が，エステサロン等では施術というサービスの提供という側面が，それぞれ存在する。場屋営業にかかる契約は，一般的には，これらの複合的要素を抱えた混合契約とみるべきであろう。

　商法は，こういった法的性質論には立ち入らず，場屋営業者が，「ハコモノ」の運営にあたり客から物品を預かることが多いという機能面にもっぱら着目し，寄託における受託者の責任の特則を規定している。

第2節 場屋営業の責任

1 客から寄託を受けた物品に関する責任

(1) 規定の趣旨

　場屋営業者は，客から「寄託を受けた」物品の滅失または損傷については，「不可抗力」によるものであったことを証明しなければ，損害賠償の責任を免れることができない（商596条1項）。客から寄託を受けた物品に関する場屋営業者の責任が，このように厳格化されているのは，ローマ法以来の沿革，すなわち，古代ローマ時代，場屋営業者，特に旅店営業者が，不誠実にも盗賊と結託し，客の荷物を奪うことが多かったという事情に由来する。そして，このように，不可抗力の場合以外の免責を認めない厳格な責任のことを「レセプツム責任」という（receptum）（原田慶吉『ローマ法〈改訂版〉』212頁・164頁（有斐閣，1949年））。

(2) 「寄託を受けた」の意義

　実務上，「寄託を受けた」か否かが問題になりうるところ，大阪高判平成12年9月28日判時1746号139頁は，顧客（X）がホテル従業員の指示によりホテル玄関前に駐車し，ホテルフロント従業員に車両の鍵を預けていたところ，車両が盗まれたという事案につき，「Xは，自らはホテルの自室に戻ることから，Yにおいて本件自動車をホテルの敷地内で移動させることを了承し，その鍵を従業員に交付することにより，Yに対してその保管を委託し，Yはこれを承諾したのであるから，Yは，ホテルの営業の範囲内において，無償でXから本件自動車の寄託を受けたというべきであり，XがYに対して交付した鍵がスペアキーであり，Xがマスターキーは自己のもとに所持していたこと，Yにおいて短時間だけ鍵を預かる意図であったことは，いずれも右認定を左右するものではない」旨判示している。

(3) 「不可抗力」の意義

　今日においても場屋営業者に重い責任を課しつづける意味があるのかについては議論があり，これは解釈論としては，「不可抗力」の意義をどう解するかの問題とされる。すなわち，不可抗力の意義につき，レセプツム責任の沿革を重視する立場からは，事業の外部から発生した出来事で，その発生を通常予測できないものであると解する（客観説）のに対し，今日においては，もはやレセプツム責任を維持するのは妥当でないと考える立場からは，不可抗力とは，事業の性質に従い，最大の注意を尽くして

もなお避けられない危害であると理解する。前者では，要は結果責任となり重すぎる
し，後者では，不可抗力は無過失と同義となり，過失の有無の問題に帰し，特則を設
けた意味が没却されてしまう。そこで，通説的見解は，両説を折衷し，特定の事業の
外部から発生した出来事で，通常その発生を予測できないものを不可抗力であると理
解する（折衷説）。この立場によると，事業の「外部」から発生した「予測不可能」
な事象であるか否かが決め手とされることとなる。

東京地判平成8年9月27日判時1601号149頁は，旅館の駐車場に顧客の自動車を駐
車させていたところ，前面の丘陵が豪雨により崩落し，自動車が土砂をかぶって被害
を受けた場合につき，①崩落箇所が全体の一部にとどまること，②丘陵部分が傾斜地
であるにもかかわらず，これに接して駐車場が設けられていたことからすれば，本件
丘陵部分に何らかの土留め設備が設けられていれば本件崩落事故は生じなかったとの
可能性があること，③本件丘陵部分の土砂崩れが始まってから本件車両に土砂が被さ
るまでの崩落の勢いはさほど急激なものとまではいえなかったことを認定し，旅館従
業員等が事態に迅速に対応していれば本件車両の損傷の被害を防止できたとの疑いが
あるとして，本件車両が損傷したことが不可抗力によるものとまで認められない旨判
示した。

また，秋田地判平成17年4月14日判タ1216号265頁は，ゴルフ場クラブハウス内貴
重品ロッカーからのキャッシュカードが盗まれ，預金の払戻しがなされたという事案
であるが，下記のとおり判示し，「寄託」を否定する。

「顧客が本件ロッカーのボックス内に物を入れることをもって，Y（ゴルフ場営業
者）にこれを寄託したといえるか否かを検討するに，①ある顧客が本件ロッカーを利
用しているのか否か，そして何時物を入れて何時出したのかをY側で当然に把握でき
る仕組みがないこと，②顧客が設定した暗証番号はもとより，ボックス内の在中物が
どのような物かもY従業員は認識していないこと，③例外的な緊急時を除いて，Yが
顧客に無断で解錠して本件ロッカーの在中物を確認することは予定されていないこと
等の事情に鑑みれば，Yが本件ロッカーの在中物を自己の支配内においていると認め
ることはできない。また，④X（顧客）が，直接フロント係員に財布を預かるように
要求した形跡がなく，⑤本件ロッカーの上に掲げられていた「フリーボックス使用約
款」と題する文書には，「お客様のご希望により貴重品等をフロントでもお預かりし
ます。」と記載されていることを併せ考慮すれば，貴重品を本件ロッカーに保管する
ことを勧める旨の張り紙があったとしても，Yが，従業員に直接保管させる代わりに
本件ロッカーを設置していたと評価することはできないというべきである。」

2　客から寄託を受けない物品に関する責任

　場屋営業者は，客が寄託していない物品であっても，場屋の中に携帯した物品が，場屋営業者が注意を怠ったことによって滅失し，または損傷したときは，損害賠償の責任を負う（商596条2項）。物品に関し寄託契約が成立していないにもかかわらず，場屋営業者に責任を負わせたのは，客と特殊な関係に立つ場屋営業の性質にかんがみたものであり，同条の責任は，場屋営業に付随する法定責任であると解されている。ここにもレセプツム責任の残滓が見受けられる。

　ただ，寄託を受けた物品に関する責任（同条1項）における場合と異なり，同条2項の責任の厳格化は，不注意に関する証明責任を客に負わせるといった証明責任の転換レベルのものにとどまっている。

　秋田地判平成17年4月14日判タ1216号265頁は，前記のとおり「寄託」の成立を否定する一方，「Yは，自らが営業する場屋に，「貴重品ロッカー」と銘打って本件ロッカーを設置したのであるから，本件ロッカー自体の安全を維持確保する義務を負うことは当然である」とし，本件ロッカーがフロントからは見えない場所に設置されていること，警備の程度が通常とられるべき水準に達していなかったと推認されることから，場屋営業者が注意を怠った旨判示し，客から寄託を受けない物品に関する責任を認めた。

3　責任減免特約

　商法596条1項および2項は任意規定であるので，事業者としては，かかる重い責任負担を回避するため，あらかじめ定型約款（民548条の2）等で免責条項を設けるといった対応をとりたいところである。

　ただ，その場合にも，せっかくの厳格責任の趣旨を没却しないよう，いくつかの制約がかからざるをえない。

　第一に，商法は，客が場屋の中に携帯した物品につき責任を負わない旨を表示したときであっても，場屋営業者は，その責任を免れることができないものとしている（商596条3項）。同項は，一般大衆保護のための強行規定である。

　第二に，受寄者たる場屋営業者が故意であっても免責される旨の条項は，公序良俗に反し無効とされよう（民90条）。おそらく重過失免責の場合も同様であると解される。

　第三に，事業者たる場屋営業者の消費者に対する責任に関しては，消費者契約法が適用され，当該条項が無効とされうる（同法8条・10条）。

　この点に関連し，最判平成15年2月28日判時1829号151頁〔百選98事件〕は，「宿泊

客からあらかじめ種類及び価額の明告のなかったものについては，15万円を限度として当ホテルはその損害を賠償します。」とのホテルの宿泊約款の規定につき，その趣旨を「宿泊客が，本件ホテルに持ち込みフロントに預けなかった物品，現金及び貴重品について，ホテル側にその種類及び価額の明告をしなかった場合には，ホテル側が物品等の種類及び価額に応じた注意を払うことを期待するのが酷であり，かつ，時として損害賠償額が巨額に上ることがあり得ることなどを考慮して設けられたもの」であると解した上，「ホテル側に故意又は重大な過失がある場合には適用されない」旨判示している。

4　不法行為責任との関係

　請求権競合論を前提とする限り，運送人の責任におけると同様に，場屋営業者の責任についても，不法行為責任との関係が問題となりうる。

　判例によると，債務不履行責任による損害賠償責任を負わない場合であっても，不法行為責任を負うことがありえ（大判昭和17年6月29日新聞4787号13頁），その際，場屋営業者の高価品に関する規定は，不法行為責任にも類推適用されうる（大阪高判平成13年4月11日判時1753号142頁）。

5　高価品の特則

　商法は，場屋営業者が寄託を受けた物品のうち，「高価品」について特則を設けている。すなわち，場屋営業者は，貨幣，有価証券その他の高価品については，客がその種類および価額を通知してこれを場屋営業者に寄託した場合を除き，その滅失または損傷によって生じた損害を賠償する責任を負わない（商597条）。高価品については，多くの場合，通常の物品と異なった特別な管理が必要であるところ，客からの種類および価額の通知を必要とすることで，場屋営業者に損害発生を未然に防止する機会を与える趣旨の規制である。「高価品」の意義については，運送人の責任において述べたところと同様であるので（商577条），運送人の責任についての解説を参照されたい（本書**第4編第2章**参照）。

　寄託にあたり，高価品についての「種類及び価額の通知」がなかった場合，運送人の責任における場合と同様，高価品としてのみならず，通常の物品としての責任も負わないのが原則である。ただし，「種類及び価額の通知」がなくても，受寄者が高価品であると認識していた場合は別で，かかる場合，高価品としての損害賠償責任を負担する。受寄者に重過失があった場合も同様であろう。

　以上の規制の適用関係につき，具体的事例を介して知るのに適した例として，東京地判平成元年1月30日判時1329号181頁がある。この判決は，駐車場における自動車

の保管そのものを業とする場合においては，自動車の中にさまざまな物品が置かれていることが予想され，自動車の滅失または毀損に伴い社内の物品も滅失または毀損されて思わぬ大きな損害の発生することも考えられるから，自動車内に高価品を置いたまま駐車場に自動車の保管を依頼するときは，そのことにつき「種類及び価額の通知」しない以上，原則として自動車の滅失または毀損に伴う高価品の滅失または毀損による損害の賠償を受寄者たる駐車場に対し求めることはできない旨，原則論を述べつつも，当該事案においては，その寄託物たる自動車の種類形態等からして通常そのような自動車の中に置かれているであろうと考えられる物品の滅失または毀損による損害，すなわち，自動車の盗難に伴い通常生ずべき損害について，債務不履行と相当因果関係のある損害として債務者の賠償責任に帰せしめることまで排除する趣旨ではないとして，かかる損害につき駐車場の賠償責任を肯定する。その際，寄託者の属性（高所得者），車の車種（高価なベンツ）を考慮し，車中にあった高価品についても，「債務不履行と相当因果関係のある損害」と認定している。

6　場屋営業者の責任に係る債権の消滅時効

　商法が規定する場屋営業者の責任（商596条・597条）に係る債権は，場屋営業者が寄託を受けた物品を返還し，または客が場屋の中に携帯した物品を持ち去った時（物品の全部滅失の場合にあっては，客が場屋を去った時）から1年間行使しないときは，時効によって消滅する（商598条1項）。この消滅時効は，民法が定める消滅時効期間（民166条）より短い短期消滅時効である。場屋営業者の責任が前記のとおり厳格化されていることのバランスをとるべく，短期とされているのである。

　ただし，場屋営業者が悪意であった場合には，短期消滅時効の規定は適用されず（同条2項），民法の例による。ここでの悪意は物品の滅失または損傷についての悪意である。

第6編◆商法に規定しない その他の商事取引

第1章　国際売買

　本編では，商法に規定しないその他の商事取引として，国際売買（**第1章**），消費者売買（**第2章**），そしてリース取引（**第3章**）を取り上げ解説する。

　商法は，わが国国内の商人間でなされる取引（売買など）に対して適用される。ただ，近時，商取引は世界規模でなされており国境を容易に超えて取引がなされている。そのため，売主と買主（の営業所）がわが国以外に存在するような場合，原則的には契約自由の原則に従い，当事者間で取引条件が交渉・決定されることとなる。

　しかし，さまざまな国・さまざまな慣習が絡み合う国際売買において，契約当事者間の交渉のみで円滑に契約を締結することは困難である。また，国際売買で生ずる問題を解決するために裁判管轄や準拠法の指定を取り扱う国際私法は存在するものの，かかる国際私法の内容がそもそも各国で異なるため，どの国の裁判管轄となるのか・どの国の法律によって問題が解決されるのかが変わってくる。

　さまざまな国の法律に精通した上で契約締結交渉に臨むことは困難であるため，契約当事者間の契約締結交渉段階で自身に有利な法廷地に設定すべく「法廷地争い」が生ずることとなる。つまり，国際売買において契約自由の原則に従い，当事者間のみで契約締結交渉を行わせるということは，こうした契約締結交渉段階におけるさまざまな問題点を一つひとつ解決しなければならないことを意味するため，商取引にとって一番重要な迅速性が阻害されることとなる。それゆえ，国際売買において，こうした問題点を事前・事後に解決するための国際的な法・ルールを統一しておく必要性が生ずる。

　以下では，国際売買に関する国際的な法統一の試みの成果物として，ウィーン売買条約（CISG）およびインコタームズ2020を取り上げ，その内容につき整理・解説したい。

第1節　ウィーン売買条約（CISG）

ウィーン売買条約（正式名「国際物品売買契約に関する国連条約」，United Nations Convention on Contracts for the International Sale of Goods ; CISG）は，国連国際商取引法委員会（UNCITRAL）が起草し，1980年（昭和55）のウィーン外交官会議において採択・成立し，1988年に発効した国際条約である。2008年（平成20），日本はCISGに加入し，CISGは翌2009年より発効した。

CISGの目的は，国際物品売買契約についての統一法を設けることによって国際取引の発展を促進することである。

1　適用範囲

CISGは，営業所が異なる国に所在する当事者間の物品売買契約について（国際売買契1条1項柱書），これらの国がいずれもCISG締結国であり（同項a号），国際私法の準則によれば締約国の法の適用が導かれる（同項b号）場合に適用される。なお，当事者の営業所が異なる国に所在するという事実は，その事実が，契約から認められない場合または契約の締結時以前における当事者間のあらゆる取引関係からもしくは契約の締結時以前に当事者によって明らかにされた情報から認められない場合には，考慮しない（同条2項）。また，当事者の国籍および当事者または契約の民事的または商事的な性質は，CISGの適用を決定するにあたって考慮しない（同条3項）。

このように，CISGに加盟している日本においては，契約締結にあたって当事者間で特約などを用いてCISGの適用を除外しておかなければ自動的にCISGが準拠法となることを意味する。なお，CISGは消費者取引等には適用されない。

2　書式の闘い

CISGは，到達主義に基づいた上で（国際売買契15条），契約が申込みと承諾が合致することで成立するとする（国際売買契14条以下）。申込みに対する同意を示す相手方の言明その他の行為は，承諾とされ，沈黙またはいかなる行為も行わないことは，それ自体では承諾とならない（国際売買契18条）。

一方，申込みに対する承諾を意図する応答であって，追加，制限その他の変更を含むものは，当該申込みの拒絶であるとともに，反対申込みとなる（国際売買契19条1項）。また，申込みに対する承諾を意図する応答は，追加的なまたは単なる条件を含む場合であっても，当該条件が申込みの内容を実質的に変更しないときは，申込者が不当に遅滞することなくその相違について口頭で異議を述べ，またはその旨の通知を

発した場合を除くほか，承諾となる。申込者がそのような異議を述べない場合には，契約の内容は，申込みの内容に承諾に含まれた変更を加えたものとする（同条2項）。追加的なまたは異なる条件であって，特に，代金，支払，物品の品質もしくは数量，引渡しの場所もしくは時期，当事者の一方の相手方に対する責任の限度または紛争解決に関するものは，申込みの内容を実質的に変更するものとする。

　このように，CISGは「契約の成立」について，申込みに対する承諾の内容が申込みの内容と異なる場合であっても，その相違が実質的でない場合には，契約の成立を認めることによって，申込みと承諾の軽微な相違による契約の不成立を回避している。

3　契約当事者の権利義務

　そのほか，CISGは，契約当事者の権利義務について，売主と買主の義務を詳細に規定した上で，その義務違反に対する救済方法を定めている。

　たとえば，CISGは買主に対して物品検査義務を課した上で（国際売買契38条），対象物品に不適合の性質を特定した場合の売主への通知義務を規定する（国際売買契39条）。また，「当事者の権利義務」について，契約の尊重の観点から，契約の解除を「重大な契約違反」がある場合に限定している（国際売買契46条2項・49条1項・64条1項・72条1項・73条1項）。重大な契約違反とは，相手方がその契約に基づいて期待することができたものを実質的に奪うような不利益を当該相手方に生じさせるものをいう。そして，債務者による契約違反が予想される場合について，債権者保護のために，契約の履行期日前の契約解除といった予防的な救済方法を規定している（国際売買契49条）。

　このように，CISGは国際取引において特に問題となりやすい状況に対応すべく各種規定を置いている。

4　危険の移転

　国際売買では，買主と売主との間に国境を超える物理的な隔たりが存在する。そこで，CISGは，危険が自己に移転した後に生じた物品の滅失または損傷により，代金を支払う義務を免れないとする（国際売買契66条）。また，売買契約が物品の運送を伴う場合において，売主が特定の場所において物品を交付する義務を負わないときは，危険は，売買契約に従って買主に送付するために物品を最初の運送人に交付した時に買主に移転する（国際売買契66条1項）。さらに，運送中に売却された物品に関し，危険は，契約の締結時から買主に移転すると規定している（国際売買契67条本文）。ただし，運送契約を証する書類を発行した運送人に対して物品が交付されたときから買主が危険を引き受けることを状況が示している場合には，買主は，その時から危険

を引き受ける。もっとも，売主が売買契約の締結時に，物品が滅失し，または損傷していたことを知り，または知っているべきであった場合において，そのことを買主に対して明らかにしなかったときは，その滅失または損傷は，売主の負担となる（同条ただし書）。

　このように，CISGは契約締結後に目的物が滅失または損傷した場合につき，売主の義務違反として処理する。

第2節　インコタームズ

　国際売買では，買主と売主との間での危険の移転時期，運賃，保険料といった各種費用の負担割合につき決定しておく必要がある。国際売買において定められたものを貿易条件（Trade Terms）という。

　パリに本部を置く国際商業会議所（International Chamber of Commerce: ICC）は，商慣習で形成された貿易条件の共通の了解や合意事項を国際ルールとして確立するため，定型的な貿易条件をインコタームズ（INCOTERMS : International Commercial Terms）としてまとめた。インコタームズは改訂が繰り返されており，直近ではインコタームズ2020が発効している。なお，インコタームズは個々の売買契約の内容を規定しているわけではない。そのため，実際の売買契約では，契約の具体的内容を相手方と決定する必要がある。インコタームズの定める取引条件は，下図のとおり11種類ある。

1	EXW	Ex Works	工場渡し
2	FCA	Free Carrier	運送人渡し
3	CPT	Carriage Paid To	輸送費込み
4	CIP	Carriage and Insurance Paid To	輸送費保険料込み
5	DAP	Delivered at Place	仕向地持込渡し
6	DPU	Delivered at Pace Unloaded	荷卸込持込渡し
7	DDP	Delivered Duty Paid	関税込持込渡し
8	FAS	Free alongside Ship	船側渡し
9	FOB	Free on Board	本船渡し
10	CFR	Cost and Freight	運賃込み
11	CIF	Cost Insurance and Freight	運賃保険料込み

　インコタームズ2020では，上記各条件について以下のとおり，A1からA10までの売主義務，B1からB10までの買主義務をそれぞれ規定している。

A.　売主の義務	B.　買主の義務
1　一般的義務	1　一般的義務
2　引渡し	2　引渡しの受取り
3　危険の移転	3　危険の移転
4　運送	4　運送
5　保険契約	5　保険契約
6　引渡書類・運送書類	6　引渡書類・運送書類
7　輸送通関・輸入通関	7　輸出通関・輸入通関
8　照合・包装・荷印	8　照合・包装・荷印
9　費用の分担	9　費用の分担
10　通知	10　通知

　なお，大阪地判昭和50年12月5日判時814号136頁や神戸地判昭和61年6月25日訟月32巻12号2908頁のように，わが国裁判例の中には，各貿易条件の解釈につき特段の根拠を示すことなく判決に際してインコタームズを用いるものも存在することから，インコタームズ自体が商慣習であるとも評価できよう。

　取引条件ごとの貨物引渡時期（危険移転時期）は下図のとおりである。

1	EXW	売主の施設またはそのほかの場所（工場，倉庫等）で買主に委ねられた時
2	FCA	買主が指定する運送人（またはその他の者）に引き渡された時
3	CPT	売主が指定する運送人（またはその他の者）に引き渡された時
4	CIP	売主が指定する運送人（またはその他の者）に引き渡された時
5	DAP	指定仕向地において荷卸しの準備ができている状態で到着した輸送手段の上で物品が買主の処分に委ねられた時
6	DPU	指定仕向地で物品が輸送手段から荷卸しされた後買主の処分に委ねられた時
7	DDP	指定仕向地において荷卸しの準備ができている状態で到着した輸送手段の上で輸入通関を済ませ買主の処分に委ねられた時
8	FAS	本船の船側に置かれた時，または調達された時
9	FOB	本船の船上に置かれた時，または調達された時
10	CFR	FOBと同じ
11	CIF	FOBと同じ

第2章　消費者売買

　売買契約における一般的なルールは民法に規定が置かれている。また，商人間で行われる売買（商事売買）については商法に規定が置かれている（**第3編**参照）。一方，売買契約の一方当事者である売主が商人（事業者）であり，もう一方が一般人（消費者）であるような，いわゆるB to C取引（事業者・消費者間契約）の場合，契約当事者間には情報量・質，交渉力，資金力など多くの面で格差が生じることとなる。民法では，契約の両当事者が対等であることを前提に多くのルール設定がなされている。また，商法では，商取引を行う商人間の取引が前提とされている。しかし，上記のような契約当事者間で格差の生じている，いわば歪な状況下で契約を締結した場合，消費者にとって不利な条件で契約を締結せざるを得ないこととなる。そこで，かかる状況を修正し，消費者を保護するための特別法が必要となる。

　本章では，消費者契約法（**第1節**），金融サービス提供法（**第2節**），割賦販売法（**第3節**），特定商取引法（**第4節**），そして製造物責任法（**第5節**）を取り上げ説明する。

第1節　消費者契約法

　消費者契約法は，「消費者と事業者との間の情報の質及び量並びに交渉力の格差に鑑み，事業者の一定の行為により消費者が誤認し，又は困惑した場合等について契約の申込み又はその承諾の意思表示を取り消す」ことを認める法律である（同法1条）。すなわち，消費者契約法は，民法の取消しに関する特則を定めている。具体的には，以下のような状況に取消しが認められる。

1　誤認による取消し

(1)　重要事項についての不実告知
　消費者は，事業者が消費者契約の締結について勧誘をするに際し，当該消費者に対して，重要事項について事実と異なることを告げることにより，当該告げられた内容が事実であるとの誤認をし，それによって当該消費者契約の申込みまたはその承諾の

意思表示をしたときは，これを取り消すことができる（消費者契約法4条1項1号）。

(2) 断定的判断の提供

消費者は，事業者が消費者契約の締結について勧誘をするに際し，物品，権利，役務その他の当該消費者契約の目的となるものに関し，将来におけるその価額，将来において当該消費者が受け取るべき金額その他の将来における変動が不確実な事項につき断定的判断を提供することにより，当該提供された断定的判断の内容が確実であると誤認をし，それによって当該消費者契約の申込みまたはその承諾の意思表示をしたときは，これを取り消すことができる（消費者契約法4条1項2号）。

(3) 不利益事実についての故意・重過失による不告知

消費者は，事業者が消費者契約の締結について勧誘をするに際し，当該消費者に対してある重要事項または当該重要事項に関連する事項について当該消費者の利益となる旨を告げ，かつ，当該重要事項について当該消費者の不利益となる事実を故意または重大な過失によって告げなかったことにより，当該事実が存在しないとの誤認をし，それによって当該消費者契約の申込みまたはその承諾の意思表示をしたときは，これを取り消すことができる（消費者契約法4条2項）。

2 困惑による取消し

(1) 不退去

消費者は，事業者が消費者契約の締結について勧誘をするに際し，当該事業者に対し，当該消費者が，その住居またはその業務を行っている場所から退去すべき旨の意思を示したにもかかわらず，それらの場所から退去しないことで困惑し，それによって当該消費者契約の申込みまたはその承諾の意思表示をしたときは，これを取り消すことができる（消費者契約法4条3項1号）。

(2) 退去妨害

消費者は，事業者が消費者契約の締結について勧誘をするに際し，当該事業者が当該消費者契約の締結について勧誘をしている場所から当該消費者が退去する旨の意思を示したにもかかわらず，その場所から当該消費者を退去させないことで困惑し，それによって当該消費者契約の申込みまたはその承諾の意思表示をしたときは，これを取り消すことができる（消費者契約法4条3項2号）。

そのほか，消費者契約法では不当条項規制および適格消費者団体制度が整備されている。

　前者については，事業者側によってあらかじめ用意された契約条項が消費者を著しく不利な状況に置くような条項（不当条項）である場合，かかる条項を無効とする。たとえば，事業者の全部免責および故意・重過失による場合の責任制限条項（消費者契約法8条），消費者の契約解除権を奪う条項（同法8条の2），消費者契約の解除に伴う損害賠償予定額が，同種の契約が解除される際に生ずる「平均的な損害」を超える場合の当該超過部分（同法9条1号），また，損害賠償額の予定や違約金が14.6％を乗じた額を超える場合の当該超過部分（同条2号），につき定めた不当条項を無効としている。さらに，消費者契約法は，任意規定よりも消費者の権利を制限したり義務を加重したりする条項で信義則に反して消費者の利益を一方的に害するものを無効とするバスケット条項も整備している（同法10条）。

　後者については，消費者全体の利益を擁護するため，一定の要件を満たす消費者団体を内閣総理大臣が「適格消費者団体」として認定して，その団体に事業者の不当な行為（不当な勧誘，不当な契約条項の使用）に対する差止請求権を認めるものである（同法12条以下）。

第2節　金融サービス提供法

　金融サービス提供法は，顧客と金融商品販売事業者等および金融サービス仲介業者との間でなされる金融取引にかかる契約を対象としている。金融商品を販売する事業者や金融サービスを提供する事業者とその顧客（消費者）を比べると，事業者の方が金融商品や金融サービスに関する知識・情報だけでなく，交渉力や資力などにおいて有利である。そこで金融サービス提供法は，両者の格差を是正する以下のような規定を置いている。

　まず，金融商品販売業者等に対して，顧客への重要事項の説明義務（金融サービス提供法4条）を課し，断定的判断の提供または確実性誤認告知を禁止（同法5条）したうえで，それら行為によって生じた顧客の損害を賠償する義務（同法6条）と，重要事項の説明をしなかった際の元本欠損額を損害額と推定（同法7条）する規定をそれぞれ整備している。なお，同法4条の重要事項とは，元本欠損が生じるおそれ（同条3項），元本を上回る損失が生ずるおそれ（同条4項）がある場合における，取引の仕組みのうちの重要な部分などがそれにあたる。重要な事項の説明にあたっては，顧客の知識，経験，財産の状況および当該金融商品の販売にかかる契約を締結する目的に照らして，当該顧客に理解あれるために必要な方法および程度によるものでなければならない（同条2項）。

　次に，預金等媒介業務，保険媒介業務，有価証券等仲介業務または貸金業貸付媒介

業務のいずれかを業として行うことを金融サービス仲介業とし（金融サービス提供法11条），内閣総理大臣の登録を必要とし（同法12条），金融サービス仲介業者ならびにその役員および使用人に対し，顧客に対する誠実義務を定め（同法24条），金融サービス仲介業務を行うときは，あらかじめ，顧客に対して必要情報を提供しなければならないと規定する（同法25条）。

第3節　割賦販売法

　割賦販売法は，割賦販売等にかかる取引の公正の確保，購入者等が受けることのある損害の防止およびクレジットカード番号等の適切な管理等に必要な措置を講ずることなどを目的とする法律である（同法1条）。

　割賦販売法の適用対象は，定型的な条件で販売するのに適する商品であって政令で定める指定商品（割賦販売法施行令1条1項・別表第1），施設を利用しまたは役務を受ける権利のうち国民の日常生活にかかる取引において販売されるものであって政令で定める指定権利（同条2項・別表第1の2），そして国民の日常生活にかかる取引において有償で提供される役務で政令で定める指定役務（同条3項・別表第1の3）である。割賦販売とは，購入者から代金を2か月以上の期間にわたり，かつ3回以上に分割して受領することを条件として指定商品等を販売・提供すること，またはリボルビング方式による指定商品の販売をいう（割賦販売法2条1項）。具体的には，クレジットカードを用いた分割払いやローンによって商品やサービスを購入する状況が当てはまる。

　割賦販売については，販売業者の倒産などによって消費者が購入した商品の引渡しを受けられないにもかかわらず，代金の支払だけはクレジット会社に対してしなければならないといった問題や，消費者の支払能力を無視して販売業者が商品やサービスを販売するような問題，そしてインターネット取引におけるクレジットカードを用いた決済の増加，といった問題がある。

　そこで割賦販売法は，割賦販売業者に対して，割賦販売の方法で指定商品等を販売するときには，販売条件の開示として，現金販売価格，割賦販売価格，代金支払期間および回数，割賦手数料の料率，商品の引渡時期の開示を求めている（割賦販売法3条）。さらに，割賦販売業者が契約を締結したときは，遅滞なく，契約の内容を明らかにした書面を購入者に交付しなければならない（同法4条）。そのほか，割賦販売業者による契約解除について履行の催告の期間・方法の法定（同法5条）や，契約解除に伴う損害賠償額の制限（同法6条）といった契約内容に関する規制が設けられている。

　前述した販売業者による商品の引渡しがない債務不履行の場合や，そもそも売買契約自体が無効・取り消されたような抗弁事由が存在する場合，消費者は販売業者に代金の支払を拒むことができる。また，消費者が販売業者に対する抗弁事由を有する場合，消費者はクレジット会社の支払請求に対しても同抗弁事由をもとに支払を拒むことができる（支払停止の抗弁・抗弁の接続：割賦販売法29条の4第2項・30条の4第1項・35条の3の19第1項）。消費者が支払停止の抗弁を行使するためには，割賦購入あっせん契約であること，指定商品・指定権利・指定役務であること（同法30条の4・35条の3の19)，2か月以上の期間にわたる3回以上の分割払いであること（同法2条2項1号3項1号)，販売業者に対して抗弁事由があること，支払総額が4万円以上であること（同法30条の4第4項，割賦販売法施行令21条1項，割賦販売法35条の3の19第4項，割賦販売法施行令24条）などが要件とされている。

　そのほか割賦販売法はインターネット取引の増加に伴うクレジットカード決済の多様化に対応すべく，販売業者に対し，クレジットカード番号等の適切な管理および不正使用の防止の義務づけ（割賦販売法35条の16・35条の17)，クレジットカード番号等の取扱いを認める契約を締結する事業者に登録制度を設け，その契約を締結した販売業者に対する調査および調査結果に基づいた必要な措置を行うこと等の義務づけ（同法35条の17の2以下）をしている。さらに，クレジットカード会社，立替払取次業者，加盟店に加え，決済システムにおいて大量のクレジットカード番号等を取り扱う事業者（決済代行業者，QRコード決済事業者・ECモール事業者等）についても，クレジットカード番号等の適切管理の義務化を通じて規律がなされている。

第4節　特定商取引法

　特定商取引法は，消費者が締結する契約のうち，比較的トラブルとなりやすい取引類型を列挙し，個別取引類型ごとにクーリング・オフ等による対応がなされている。それら取引のトラブルは，業者側による突然の勧誘による等を理由とするものが多く，そのような場合には消費者が冷静に十分かつ合理的な判断ができないまま契約締結に至っていることが多い。

	根拠条文	具体例	クーリング・オフ期間
訪問販売	2条1項	キャッチセール	8日
通信販売	2条2項	インターネット通販など	8日（※返品制度）
電話勧誘販売	2条3項	電話勧誘	8日
連鎖販売取引	33条	マルチ商法	20日

特定継続的役務提供	41条	語学教室など	20日
業務提供誘因販売取引	51条	内職商法など	20日
訪問購入	58条の4	押し買い	8日

　クーリング・オフは，いったん契約の申込みや契約の締結をした場合であっても，契約を再考できるようにし，一定の期間であれば無条件で契約の申込みを撤回したり，契約を解除したりできる制度である。なお，通信販売については，不意打ち性や複雑性がないことを理由にクーリング・オフ制度は認められていないが，それに代わる返品制度が設けられている（特定商取引法15条の3）。

　そのほか特定商取引法は，勧誘時の禁止行為（不実告知の禁止，再勧誘の禁止等）や事業者の義務（勧誘目的の明示，書面交付義務等）を定めた上で，これら規制に違反した事業者に対し，経済産業大臣による是正措置の指示（特定商取引法7条など），業務停止命令（同法8条など），そして報告・立ち入り検査（同法66条）といった処分を認めている。

第5節　製造物責任法

　製造物によって消費者の生命・身体・財産に損害が生じた場合，民法の規定（民415条・709条など）に基づき当該動産を販売した者に対する責任追及はある程度可能である。しかし，販売業者は当該製造物を設計し製造しているわけではないため，製造物の欠陥の状況・程度につき認識しているわけではなく，過失責任を認めることは困難である。また，製造業者と消費者との間に販売業者が存在する場合は，製造業者と消費者との間に直接の契約関係が存在しないことから，契約責任（民415条）を追及することができず，不法行為責任（民709条）を用いて責任追及するほか手段が存在しなかった。不法行為による損害賠償請求をする場合，原告となる消費者が被告となる事業者側の過失を立証しなければならないため，専門的な知見に乏しく，また，製造業者からの情報提供も望めないことから，立証作業は困難であった。

　そこで，製造物責任法によって，「製造物」の「欠陥」が原因で，他人の生命・身体・財産に損害が生じた場合，後述する免責事由の存在を製造業者等が証明できない限り，製造業者等は消費者に対して損害賠償責任を負わなければならないこととした（製造物責任法1条）。製造物とは製造または加工された動産をいい（同法2条1項），欠陥とは，当該製造物の特性，その通常予見される使用形態，その製造業者等が当該製造物を引き渡した時期その他の当該製造物にかかる事情を考慮して，当該製造物が通常有すべき安全性を欠いていることをいう（同条2項）。

　製造業者等が証明すべき免責事由は，①当該製造物をその製造業者等が引き渡した時における科学または技術に関する知見によっては，当該製造物にその欠陥があることを認識することができなかったこと（開発危険の抗弁），②当該製造物が他の製造物の部品または原材料として使用された場合において，その欠陥がもっぱら当該他の製造物の製造業者が行った設計に関する指示に従ったことにより生じ，かつ，その欠陥が生じたことにつき過失がないこと，である（製造物責任法4条）。

　製造物の欠陥による被害者または法定代理人は，損害および賠償義務者を知った時から3年間の間に製造業者等に損害賠償請求を行わなければならず，3年間を経過すると損害賠償責任は時効によって消滅する（製造物責任法5条1項1号）。また，製造物の引渡しから10年を経過した場合も，損害賠償責任を追及することができなくなる（同項2号）。さらに，人の生命または身体を侵害した場合における損害賠償の請求権の消滅時効は5年となり（同条2項），身体に蓄積した場合に人の健康を害することとなる物質による損害または一定の潜伏期間が経過した後に症状が現れる損害については，その損害が生じたときから上記各時効期間がカウントされる（同条3項）。

　なお，製造物の欠陥による製造業者等の損害賠償責任については，製造物責任法によるほか，民法の規定によるとされているため，民法上の責任についても並列的に存在する（同法6条）。

第3章　リース取引

第1節　リース契約の概要

1　リース契約の仕組み

　企業は機械や器具備品などさまざまな固定資産を事業活動に用いるが，そのような資産をすべて購入し使用するためには，大きな資金が必要となる。このため，企業は金融取引により資金を調達してこれらの固定資産を購入するか，もしくは賃貸借取引により固定資産を賃借して使用することとなる。しかし，金融取引には担保となる物件が必要であったり，第三者の保証が必要であったりすることが多い。他方，賃貸借取引の場合，企業が必要とする個々の固定資産を賃貸する者を探さなければならない。

　これらの問題を解消したのがリース契約であり，金融取引と賃貸借取引双方の性質を有する取引である（下の図表参照）。リース契約とは，借り手となる企業（ユーザー）が，借りる目的物としてのリース物件と，その物件を供給するサプライヤーを選定し，貸し手となるリース業者がサプライヤーからリース物件を取得し，貸し手は

【図表　リース取引の概要】

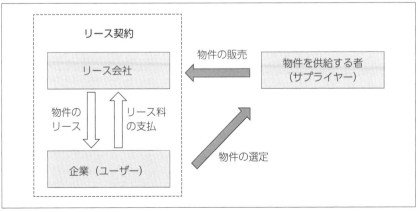

借り手に約定のリース期間中賃貸し独占的に使用させ，借り手であるユーザーは貸し手であるリース業者にリース契約の対価であるリース料を支払う契約である。

　つまり，ユーザーは自ら購入するのと同様に，使用したい固定資産を選定し，その調達先であるサプライヤーを選択する。購入資金を金融業者から借り受けて元金返済と利息を支払うのではなく，リース業者にその固定資産を購入してもらい，ユーザーが借り受け，リース料を支払うものである。

　このように，リース取引は賃貸借契約の形式を有するが，その実態は，物件購入と金融機能とをあわせもつ取引形態（加藤雅信『新民法大系Ⅳ契約法』524頁（有斐閣，2007年））といわれる。

2　リース契約の種類

　リース契約には，ファイナンス・リースとオペレーティング・リースがある。前者は①フルペイアウト，すなわちユーザーがリース物件からもたらされる経済的利益を実質的に享受することができ，かつ，リース物件の使用に伴って生じるコストを実質的に負担すること，②途中解約不能，すなわちリース期間中にリース契約を解除することができないこと，であるのに対し，後者はファイナンス・リース以外のリース契約とされる。

　前者におけるフルペイアウトとは，解約不能のリース期間中のリース料総額の現在価値が，リース物件をユーザーが現金払いで購入するものと仮定した場合の合理的見積金額の90％以上である場合，もしくは解約不能のリース期間が，リース物件の経済的耐用年数のおおむね75％以上である場合をいう。

　さらにファイナンス・リースは，企業会計上，および税務上，所有権移転ファイナンス・リースと，所有権移転外ファイナンス・リースに分かれる。企業会計では，次の要件に該当するときは所有権移転ファイナンス・リースとされ，通常の売買取引の会計処理を行う。また，所有権移転外ファイナンス・リースでは，原則として売買取引に準じた会計処理を行う。この場合は，リース資産，リース負債を計上し，リース期間定額法により減価償却する。

<要　件>
①　リース期間終了後またはリース期間の中途で，リース物件の所有権がユーザーに移転するリース取引。
②　ユーザーに対して，リース期間終了後またはリース期間の中途で，名目的価額またはその時点でのリース物件の価額に比べ著しく有利な価額で買い取る権利が与えられており，その権利の行使が確実に予想されるリース取引。

③　ユーザーの用途等にあわせて特別の仕様により製作または建設されたもので
あって，リース物件の返還後に，リース業者が第三者にリースまたは売却する
ことが困難であるため，リース物件の使用可能期間を通じてユーザーによって
のみ使用されることが明らかなリース取引。

ファイナンス・リースでは具体的なリース物件，利子率，リース期間によりリース
料が決まる。対して，オペレーティング・リースでは，借り手の希望に応じたリース
契約の設定が可能であり，リース期間満了時の残価を設定し，リース物件の元本部分
からこの残価を差し引き，リース期間とリース料を決定することができる点がメリッ
トである。

第2節　リース契約の法的問題

このようにリース契約の法形式はユーザーとリース業者との間の賃貸借である。し
かし，借り手となるユーザーが自ら目的物であるリース物件と，その供給者であるサ
プライヤーを選択しており，貸し手であるリース業者はリース物件の選定にもサプラ
イヤーの選択にも関わっていないため，貸し手であるリース業者に一般的な賃貸借契
約の賃貸人としての責任をそのまま課してよいのか問題がある。以下，具体的に検討
しよう。

1　リース物件の引渡義務

リース契約では，サプライヤーからユーザーに対して，リース物件が納入されるこ
とが多い。もし，リース物件がサプライヤーから納入されない場合に，ユーザーは
リース業者に対しリース物件の引渡を請求することができるだろうか。

リース契約を賃貸借とすると，賃貸人のリース業者は，賃借人のユーザーに対し目
的物であるリース物件を引き渡す義務がある。また，前述のリース契約の経済的実質
をみても，ユーザーはリース物件の使用収益を目的としている以上，リース業者の
リース物件引渡義務は肯定される。したがって，ユーザーはリース物件の引渡を受け
るまで，リース料の支払債務は生じない。ユーザーはリース物件の引渡を受け，借受
証を交付したときは，リース業者の引渡義務は完了する。

2　物件の契約不適合

【Case 1】
　経理事務の機械化のための電子会計機を導入することとしたX（ユーザー）は，かねてから取引関係にあったY（サプライヤー）から購入することとし，購入の仮契約をしたうえで，Yから紹介されたA（リース業者）とリース契約を締結した。なお，YはXに本件電子会計機の性能を保証し，機能上の欠陥によりXに損害を被らせない旨の合意（損害担保契約）があった。ところが，本件電子会計機は保証された性能を発揮せず，その後，水害による浸水により，使用不能となった。XはAに対してリース契約における債務不履行を，Yに対して損害担保契約による既払リース料の返還を求めて争った。

　この【Case 1】では，サプライヤーがユーザーに対し目的物の性能を保証しており，目的物の性能がその保証に満たない場合に，誰がどれだけの責任を負うのかが問題となった事例（最判昭和56年4月9日判時1003号89頁〔百選60事件〕）である。

　リース契約を賃貸借契約としてみると，目的物件が契約の目的に合致しないものであるときは，民法上，賃貸人は契約不適合の責任を負うこととなる。もっとも，リース契約においては特約が合意されており，賃貸人は目的物件の契約不適合について責任を負わないとされている。リース契約では，賃借人であるユーザーが目的物件を選定し，サプライヤーを選任している以上，金融取引により資金を得て目的物を購入したものと同様であり，貸し手であるリース業者が責任を負わないのは当然ともいえ，この特約の有効性は認められよう。

　この反面，目的物の売買契約は，サプライヤーとリース業者間で締結されてはいるが，リース業者はユーザーに代わって購入しているだけであるから，目的物の契約不適合については，サプライヤーとユーザーの間で解決すべきである。サプライヤーとリース業者との売買契約に，サプライヤーのユーザーに対する契約不適合の責任を負担すべき旨の第三者のためにする契約が包含されていると解した裁判例（大阪地判昭和60年7月5日判時1186号84頁およびその控訴審判決である大阪高判昭和63年4月27日判タ685号241頁）もある。また，リース契約では，リース業者の承諾を条件に，ユーザーのサプライヤーに対する請求権を譲り受け行使できるものとしているのが一般的である。しかし，リース契約での実質を考えると，直接，ユーザーはサプライヤーに対し，目的物の契約不適合について債務不履行責任を追及することができると解すべきであろう。ユーザーは，契約解除を求め得るが，その場合，ユーザーには原

状回復義務があり，目的物の返還と，契約解除までの使用収益による利益を返還しなければならない。

　【Case 1】では，リース業者に責任は認められず，サプライヤーはユーザーに対し，リース料総額からユーザーが使用収益し得る期間のリース料相当額を控除した額を賠償する義務を負うとされた。

3　リース契約の解除

> 【Case 2】
> 　X（リース業者）は，Y（ユーザー）との間で，リース料の支払を1回でも遅滞したときは，通知催告を要しないで，リース料全部の即時弁済を求めること，および遅延利息の特約を付して，リース契約を締結した。しかし，契約期間途中でYがリース料の支払をしなかったため，リース物件を引き揚げ，未払リース料全額と遅延利息の支払を求めて訴えた。

　【Case 2】は，リース契約が契約期間中に解除され，リース物件の返還を受けた場合に，リース料全額と遅延利息の支払いを求めることができるかどうかが問題となった事例（最判昭和57年10月19日民集36巻10号2130頁〔百選61事件〕）である。

　賃貸借契約では，賃料の計算期間と，その間の目的物からの使用収益が対価関係にあるため，賃貸借契約が終了し，賃貸人が目的物の返還を受けた場合には，賃借人は未経過の契約期間の賃の支払義務を負わないと解される。リース契約の法形式は賃貸借であるから，同様に考えると，ユーザーがリース物件を返還したときは，未経過の契約期間のリース料の支払義務を負わないこととなる。

　しかし，リース契約では，ユーザーがリース物件の引渡しを受けたときに，リース料全額の支払債務が発生しており，リース料の支払は分割弁済にすぎず，リース業者がユーザーからリース物件を引き揚げた場合でも，ユーザーは残リース料全額の支払義務があると解されている（東京高判昭和61年10月30日金判768号26頁）。

　とはいえ，リース物件の返還を受けたにもかかわらず，ユーザーがリース料の全額の支払義務を負うとすると，リース業者はリース契約により得られる利益以上を取得することとなる。このため，ユーザーに債務不履行があった場合であっても，公平の見地から，リース業者に清算義務を課している。

　【Case 2】では，リース物件の返還により取得した利益を，ユーザーに返戻しまたはリース料債権の支払に充当するなどして清算すべきとされた。

4　リース契約とユーザーの倒産

【Case 3】
　X（リース業者）は，A（ユーザー）との間で，B（サプライヤー）からリース物件を買い取ってリースする契約を締結した。このリース契約は，リース期間満了時においてリース物件に残存価値はないものとみて，Xがリース期間中に投下資本の全額を回収することができる，フルペイアウト方式のものであった。
　その後，Aは会社更生手続を申し立て，Xはリース料の支払がなかったことを理由として，リース契約を解除し，Yに対して未払いのリース料の支払と遅延損害金の支払を求め，約定の損害金と遅延損害金を請求して訴えた。

　【Case 3】は，ユーザーが会社更生手続に入った場合に，リース料が共益債権として優先的な弁済を受けることができるかが問題となった事例（最判平成7年4月14日民集49巻4号1063頁〔百選62事件〕である）。リース契約の法形式が賃貸借である点から，リース業者のリース物件を使用収益させる義務と，ユーザーのリース料支払義務との間に一定の牽連関係があるとして，リース料債権に対し，会社更生法の双方未履行双務契約（会更61条4項）と認め，共益債権として扱う見解もある。
　しかし，これまでみてきたように，リース契約が金融取引であるという実質から，リース業者が有する債権とユーザーのリース料支払義務に牽連関係はなく，よってリース債権は更生債権としてリース業者は更生手続によらないで請求することはできないと理解されている。
　【Case 3】においても，リース債権は更生債権であるとされた。

事項索引

判例索引

《編者・執筆者紹介および執筆分担》

編　者

松嶋隆弘　　編者略歴参照
　　　　　　担当：第1編第1章，第2編第6章，第3編第2章，
　　　　　　第5編第1章・第2章

大久保拓也　編者略歴参照
　　　　　　担当：第2編第2章・第3章

執筆者（執筆順）

小野寺千世　日本大学法学部　教授
　　　　　　担当：第1編第2章，第3編第3章

小菅成一　　嘉悦大学ビジネス創造学部　教授
　　　　　　担当：第2編第1章・第5章

高岸直樹　　二松學舍大学国際政治経済学部　准教授
　　　　　　税理士（税理士高岸俊二・直樹事務所）
　　　　　　担当：第2編第4章，第6編第3章

金澤大祐　　日本大学商学部　専任講師・弁護士（堀口均法律事務所）
　　　　　　担当：第3編第1章

井口浩信　　日本大学法学部　非常勤講師
　　　　　　担当：第3編第4章

南　健悟　　日本大学法学部　教授
　　　　　　担当：第4編第1章〜第4章

鬼頭俊泰　　日本大学商学部　准教授
　　　　　　担当：第6編第1章・第2章

〈編者略歴〉

松嶋　隆弘（まつしま　たかひろ）

日本大学法学部教授・弁護士（みなと協和法律事務所）
日本大学大学院法学研究科博士前期課程修了後，司法修習等を経て，現職。
私法学会理事，公認会計士試験委員（企業法）などを歴任。令和元年度会社法改正に関する衆議院
　法務委員会参考人
［著作］
松嶋隆弘編『実務が変わる！　令和改正会社法のまるごと解説』（令和2年，ぎょうせい）
松嶋隆弘＝渡邊涼介編『暗号資産の法律・税務・会計』（令和元年，ぎょうせい）
上田純子＝植松勉＝松嶋隆弘『少数株主権等の理論と実務』（令和元年，勁草書房）
　等多数

大久保　拓也（おおくぼ　たくや）

日本大学法学部教授
日本大学大学院法学研究科博士後期課程満期退学。日本大学法学部助手・専任講師・准教授を経て，
　現職。
日本空法学会理事，日本登記法学会監事等を歴任。令和元年度会社法改正に関する参議院法務委員
　会参考人
［著作］
松嶋隆弘編『実務が変わる！　令和改正会社法のまるごと解説』（令和2年，ぎょうせい）〔共著〕
神作裕之＝藤田友敬編『商法判例百選』別冊ジュリスト243号（令和元年，有斐閣）〔共著〕
　等多数

商事法講義2（商法総則・商行為）

2020年10月15日　第1版第1刷発行

編　者	松　嶋　　隆　弘	
	大　久　保　　拓　也	
発行者	山　本　　　　継	
発行所	㈱中　央　経　済　社	
発売元	㈱中央経済グループ パブリッシング	

〒101-0051　東京都千代田区神田神保町1-31-2
電話　03（3293）3371（編集代表）
　　　03（3293）3381（営業代表）
http://www.chuokeizai.co.jp/

© 2020
Printed in Japan

印刷／三　英　印　刷　㈱
製本／有井　上　製　本　所

「Q&Aでわかる業種別法務」
シリーズ
———— 日本組織内弁護士協会〔監修〕 ————

　インハウスローヤーを中心とした執筆者が，各業種のビジネスに沿った法務のポイントや法規制等について解説するシリーズです。自己研鑽，部署のトレーニング等にぜひお役立てください。

Point
- 実際の法務の現場で問題となるシチュエーションを中心にQ&Aを設定。
- 執筆者が自身の経験等をふまえ，「実務に役立つ」視点を提供。
- 参考文献や関連ウェブサイトを随所で紹介。本書を足がかりに，さらに各分野の理解を深めることができます。

〔シリーズラインナップ〕

銀行	……………………………	好評発売中
不動産	…………………………	好評発売中
自治体	…………………………	好評発売中
医薬品・医療機器	………………	好評発売中
証券・資産運用	…………………	好評発売中
製造	………………………………	好評発売中
建設	………………………………	続　　刊
学校	………………………………	続　　刊

中央経済社